2024年度版　公務員試験

現職採点官が教える！
社会人・経験者の
合格論文&面接術

春日文生 著

はじめに

　この本は、公務員試験の社会人・経験者採用にかかる論文および面接対策に関する本です。近年になり、公務員の人材不足や民間での知識や経験を公務に活かしてもらいたいという背景から、国でも自治体でも広く社会人・経験者採用試験が活用されるようになり、受験者数も増えています。こうした試験では、人物をより重視する観点から、合否判定にあたり論文や面接の評価が大きなウエートを占めています。

　私は長い間、採用試験に携わっていますが、多くの受験者が新卒対象の試験と同様の対策しかとっていないことを目の当たりにしてきました。論文の採点や面接官を行うたび、「わかってないな～」とため息をつくことがよくあります。はっきり言いますが、社会人・経験者採用試験に合格するためには、新卒対象の試験とは異なった対策が必要です。論文と面接については、特にその点が顕著です。こうした試験を実施する背景や、国や自治体が社会人・経験者に求める職員像を受験者がきちんと理解することが必要なのです。

　そこで、次の点をポイントにこの本を執筆しました。

●本書のねらい

1. 社会人・経験者採用試験の背景や自治体などが受験者に求めている点を明確にする

　試験の目的は合格することですが、そのためには試験の目的、意図を確実に把握しておくことが大事です。このことを理解しないで、合格しようというのは無理な話です。このため、受験者に知っておいてほしい、社会人・経験者採用試験の背景や自治体などが受験者に求めている点などを具体的に解説しました。

2. 社会人・経験者採用試験の論文・面接対策のポイントをわかりやすく解説する

　社会人・経験者採用試験の論文・面接では、新卒の試験よりもレベルが高

い答案・回答が求められます。「社会人なのに、こんな論文しか書けないの?」、「経験者にも関わらず、面接の答えがお粗末」と採点官に判断されては、とても合格はできません。このため、試験のポイントをできるだけわかりやすく、また具体的に解説しています。

3. それぞれの受験者に応じた対策ができるように配慮する

社会人・経験者採用試験の場合、論文でも面接でも単に「模範回答を暗記しておけば、何とかなる」というものではありません。職歴や在籍していた業界などは受験者によって異なりますので、受験者が自分なりの答えを作る必要があるのです。そのため、どのような点に配慮したらそのような回答が導けるのか、多くのヒントを掲載しました。

多くの受験者は「社会人・経験者採用試験は新卒対象の試験と何が違うのだろう?」、「どのように論文を書けばよいのか?」、「面接で効果的にアピールできるだろうか」と不安に思っているかもしれません。しかし、この本を一読いただければ、そうした不安を減らすことができると思います。

なお、依然として新型コロナウイルス感染症は収束せず、公務員試験にも影響しています。皆さんも、仕事や勉強に支障が出てしまい、苦労されているかと思います。そんな中での公務員受験は本当に大変だと思いますが、どうか頑張って合格を勝ち取ってください。

皆さんが試験に合格し、国や自治体で活躍されることを心から願っています。

春日 文生

CONTENTS

はじめに ― 2

COLUMN1
社会人枠で採用されたら、何か特別なことをしなくてはいけないのでしょうか？ ― 8

Chapter 1
社会人・経験者採用の目的とポイント

- なぜ社会人・経験者採用を行うのか ― 10
- 試験要綱でねらいを確認する ― 12
- 採用担当者を悩ませる「勘違い受験者」 ― 14
- **POINT1** 組織人のルールを理解しているか ― 16
- **POINT2** 公務員と民間人の違いを認識しているか ― 18
- **POINT3** 住民対応を理解しているか ― 20
- **POINT4** 効率性を意識しているか ― 22
- **POINT5** 専門性を活かせるか ― 24
- **POINT6** 時事問題を認識しているか ― 26
- 自己のアピールポイントを検証する ― 28

COLUMN2
実はメンタルで前職を辞めましたが、大丈夫でしょうか？ ― 30

Chapter 2
社会人・経験者採用のエントリーシート対策

- 申込みからすでに試験は始まっている ― 32
- POINT1　シートは戦略的に書く ― 34
- POINT2　分量は多すぎても、少なすぎてもいけない ― 36
- POINT3　文字は適度な大きさで、丁寧に書く ― 38
- POINT4　同じ内容を2回書かない ― 40
- POINT5　アピールポイントは客観的に検証する ― 42
- 面接を想定して書く ― 44
- 公務員としての適格性を感じられる内容か ― 46
- シート全体で人物像が読み取れる内容か ― 48
- エントリーシート・アピールシートの例 ― 50

COLUMN3
原稿用紙の使い方 ― 58

Chapter 3
社会人・経験者採用の論文対策

- 社会人・経験者採用試験論文の目的と出題パターン ― 60
- 論文のポイント ― 62
- 論文で書いてはいけないこと ― 64
- 論文の評価基準 ― 66
- 論文の構成 ― 68
- 論文を作るコツは「箇条書き」と「論理性」にある ― 70
- 論文の書き方1　テーマに対する意見を3つ決める ― 72
- 論文の書き方2　意見は必ず論理的に説明する ― 74
- 論文の書き方3　序章と終章はパターン化する ― 76

論文の書き方4	「～と思う」は使わず「～だ」と断定する	78
論文の書き方5	表現は簡潔明瞭にする	80
・原稿用紙の使い方		82
・字は丁寧に書く		84
・時間配分に注意する		86
・必ずテーマに答える		88
合格論文例01	これまでの経験を公務員としてどのように活かせるのか述べよ	96
合格論文例02	本市の課題を1つ挙げ、それを解決するため、あなたの経験や実績をどのように活かすのか述べよ	98
合格論文例03	ワークライフバランスの実現について、あなたの考えを述べよ	100
合格論文例04	あなたがこれまでに成果を挙げたと思う実績について述べよ	102
合格論文例05	アフター・コロナにおける住民サービスの向上について、あなたの考えを述べよ	104
合格論文例06	効率的・効果的な行財政運営について、あなたの考えを述べよ	106

社会人・経験者採用の面接対策

・面接試験前に覚えておいてほしいこと	110
・面接シート記入にあたっての注意点	114
・面接の評価基準	118
・面接官には役割分担がある	124
・面接の基礎知識	128
・面接中は「明るく、ハキハキ答える」が大原則	132
・圧迫面接や意地悪な質問にもめげない	136
想定質問1	志望理由は何ですか	140
想定質問2	今の勤務先を辞められますか	144
想定質問3	これまでの実績について述べてください	148
想定質問4	これまでの経験が公務員としてどう活かせますか	152
想定質問5	これまでに失敗したことについて述べてください	156
想定質問6	公務員に転職せず、このまま勤務したほうがよいのでは	160
想定質問7	民間と自治体で働くことの違いを述べよ	164

想定質問8	どこまで出世したいですか	168
想定質問9	あなたを採用したほうがよい理由を教えてください	172
想定質問10	本市の最大の行政課題は何だと思いますか	176
想定質問11	本市の行政運営において、改善すべき点について述べてください	180
・集団面接		184
・集団討論・グループワーク		188
・プレゼンテーション面接		194

COLUMN4
アルバイト経験しかなくても（もしくは無職でも）採用されますか？ ——— 200

Chapter 5
今年出題されそうなテーマとポイント

テーマ1	少子化対策	202
テーマ2	高齢化対策	204
テーマ3	人口減少	206
テーマ4	多文化共生社会	208
テーマ5	子育て支援	210
テーマ6	防災対策	212
テーマ7	働き方改革	214
テーマ8	住民の行政参加	216
テーマ9	情報漏洩	218
テーマ10	行財政改革	220
テーマ11	新型コロナウイルス感染症対策	222
テーマ12	SDGs	224
テーマ13	DX	226
テーマ14	リカレント教育	228

COLUMN5
筆記試験ができなくても面接で挽回することは可能でしょうか？ ——— 230

カバーイラスト＆マンガ／草田みかん

COLUMN 1

社会人枠で採用されたら、何か特別なことをしなくてはいけないのでしょうか？

社会人枠で採用された場合、新卒で採用された職員と異なる点として、次の2点が挙げられます。

第一に、職責です。社会人・経験者採用試験に合格した場合には、即戦力として活躍することが期待されています。このため、新卒の職員と異なり、住民への接遇など社会人・組織人としてのルールを手取り足取り教えてくれるということは、あまりありません（もちろん、その自治体特有のルールなどは、きちんと教えてくれますのでご心配なく）。わからないことがあれば、気軽に周囲の職員に尋ねても問題ありませんので、あまり自分にプレッシャーをかける必要はありません。

第二に、試験区分によっては、いきなり部下がいることもあります。主任枠・係長枠・課長枠などの試験に合格した場合です。こうした場合には、部下への指導も大きな役割となります。ただ、そうは言っても、部下のほうが職員としては経験が長いのですから、注意も必要です。上司になったからといって、いきなり上から目線にならず、「職場風土や自治体の慣習などを教えてもらう」つもりで接したほうがよいでしょう。

Chapter 1

社会人・経験者採用の目的とポイント

なぜ社会人・経験者
採用を行うのか

自治体が社会人・経験者採用試験を実施する理由

1 自治体は多様な人材を求めている

行政課題は高度化・複雑化
住民要望は広範囲
ITの進展や少子高齢化など、時代の変化

→ こうした課題に対応するためには、社会人や民間企業経験者などの多様な人材が必要。新卒の公務員だけでは視野が狭くなりがちで、十分な戦力とは言い難い

2 自治体職員の年齢構成の歪みを是正する

行政改革などにより、職員採用がゼロの時期がある
職員の年齢構成がいびつに
係長や課長になるべき年齢の職員がいないなどの問題

→ 職員の年齢構成を是正するために、社会人や経験者を採用することが必要

3 労働市場の流動化

2000年代に入り、転職が一般的になる

→ 自治体でも社会人や経験者の採用をすることに

➡ 社会人や経験者にとっては、大きなチャンス

● 自治体は多様な人材を求めている

　皆さんが、社会人・経験者採用試験に確実に合格するためには、「試験を実施する自治体がどのような考えでこの試験を実施するのか」、「どのような人材を求めているのか」を事前に十分把握しておく必要があります。

　まず、自治体がこうした社会人・経験者採用試験を実施する理由をおさえておきましょう。理由としては、大きく3点に整理できます。

　第一に、**自治体は多様な人材を求めているからです**。現在、行政課題は高度化・複雑化しています。住民要望は広範囲になっていますし、ITの進展や少子高齢化など、大きく時代が変化しています。こうした課題に対応するためには、社会人や民間企業経験者など、多様な人材が必要なのです。新卒で公務員になった職員は、基本的に自治体での経験しかなく、公務員としての視点しかありません。このため、どうしても視野が狭くなりがちで、変化の厳しいさまざまな行政課題に対して十分な戦力とは言い難いのです。

● 社会人や経験者にとっては、大きなチャンス

　第二に、**自治体職員の年齢構成の歪みを是正する**ことです。いわゆる新卒を対象にした採用試験しか行ってこなかった自治体では、職員構成に歪みが生じている場合があります。例えば、自治体によっては行政改革が進み、職員採用を控えたことがありました。私が所属する自治体でも、採用者ゼロという時期があり、職員定数の削減に努めました。そうすると、職員の年齢構成がいびつになってしまい、係長や課長になるべき年齢の職員がほとんどいないという状況が発生してしまいます。これらを是正するためにも、社会人・経験者採用試験が必要とされたのです。

　第三に、**労働市場の流動化**です。これまでは、新卒で入社すれば、定年までその企業で働くという雇用形態が一般的でした。しかし、2000年代に入り転職が一般的になり、転職斡旋会社に登録したり、第二新卒として入社するなどが、民間企業では普通に行われるようになっています。公務員もこうした時代背景から、社会人・経験者採用試験を行うようになったのです。

　以上が、自治体が積極的に社会人や経験者を採用しようとする背景です。これらの動きは、「これから公務員になりたい」、「公務員に転職したい」という皆さんにとっては、大きなチャンスとも言えます。特に、今後は人口減少に伴い自治体も労働力（職員）の確保を大きな課題と考えており、これからもますます社会人・経験者採用試験は活用されるでしょう。

試験要綱でねらいを確認する

試験案内や実施要綱などにはそれぞれの自治体の考えや採用したいと思う職員像が記述されている

 例

「"すごい"！が、ギュッと詰まった都市、鳥取市を愛してくれる方、意欲と笑顔あふれる方を求めています！」

（平成29年度鳥取市職員採用試験の受験案内）

⬇

 「意欲」や「笑顔」などがキーワード

⬇

自治体の意向が把握でき、自分のアピールポイントを作る上での参考になる

専門性の高い試験もある

 例

東京都キャリア活用採用選考「資金運用」

・業務内容：都における各種資金の運用や財務諸表を通じた財務分析などの資金運用・財務業務
・証券アナリストや国際公認投資アナリストなどの資格を所持していると専門試験が免除

社会人・経験者採用試験といっても、その内容は非常に多岐

● 要綱から自治体の考えを読み解く

　自治体では、社会人・経験者採用試験を実施するにあたり、受験者向けに試験案内や実施要綱などを発表します。その中に、それぞれの自治体の考えや採用したいと思う職員像が記述されています。

　例えば、社会人経験者対象の平成29年度鳥取市職員採用試験の受験案内では、「"すごい"！が、ギュッと詰まった都市、鳥取市を愛してくれる方、意欲と笑顔あふれる方を求めています！」と書かれています。ここでは「意欲」と「笑顔」などがキーワードであることが読み取れます。また、自治体によっては、すでに社会人・経験者枠で採用された職員のインタビューなどを掲載し、具体的な職務の内容や活躍ぶりが紹介されています。これらは受験者に向けた重要なメッセージなのです。

　さまざまな自治体でこのような試験を実施しますが、欲しい人材は自治体によって異なります。新卒ではなく、即戦力となる社会人・経験者を採用するのですから、それは当然と言えば当然のことです。ただ漫然と要綱を読むのでなく、こうした点を踏まえたうえで自分のアピールポイントを考えれば、エントリーシートの記入は勿論のこと、論文や面接対策としても非常に有効です。

● 専門性の高い試験もある

　また、自治体によっては社会人・経験者に高い専門性を求めている採用試験もあります。例えば、東京都のキャリア活用採用選考においては、試験区分の事務をさらに細分化して、資金運用、財務、システム、不動産、国際、医療事務などに分かれています。

　例えば資金運用であれば、業務内容は、都における各種資金の運用や財務諸表を通じた財務分析などの資金運用・財務業務となっています。また、証券アナリストや国際公認投資アナリストなどの資格を所持していると専門試験が免除されることとなっています。

　なお、受験できる年齢も自治体によってさまざまです。先の東京都は59歳まで受験が可能となっていますが、受験対象を35歳未満などとして規定している自治体もあります。

　このように、一口に社会人・経験者採用試験といっても、その内容は非常に多岐にわたります。皆さんは、受験する自治体の経験年数や年齢が条件をクリアしているか確認することはもちろんのこと、「どこの自治体であれば受験できるか」を調べておくと、公務員になれる可能性が広がります。

採用担当者を悩ませる「勘違い受験者」

1 公務員の志望理由・転職理由がよくわからない受験者

「今の仕事は大変だから、楽な公務員に転職したい」という本音しか持っていない受験者

2 「上から目線」の受験者

「自治体の職員になりたい」という人が、自治体批判をしてしまう

3 自己主張の激しい受験者

「俺が、俺が」と自己主張が激しいと、公務員としての適格性に疑問を持たれてしまう

→ こうした「勘違い受験者」では、採用試験に合格することは難しい

● 志望理由がはっきりしない

　実際に、社会人・経験者採用試験の論文採点や面接官をしていると、「試験の意味をわかっているのかな」と悩んでしまう論文や面接に遭遇することがあります。その代表的なパターンをいくつかご紹介したいと思います。

　第一に、**公務員の志望理由・転職理由がよくわからない受験者**です。面接では、必ず公務員の志望理由を受験者に質問しますが、これにきちんと回答できない受験者が案外多いのです。

　こうした受験者は、「今の仕事は大変だから、楽な公務員に転職したい」という程度の考えしか持っていないです。実際、多くの受験者の本音は、おそらくそうなのかもしれません。しかし、採用担当者としてはこの受験者を採用することを躊躇してしまいます。こうした志望理由では、「困難なことがあったら、すぐに退職してしまうのではないか」、「住民に横柄な態度を取るのではないか」などと考えてしまうからです。

● 上から目線、自己主張が激しいのはダメ

　第二に、**「上から目線」の受験者**です。これには、いくつかパターンがあるのですが、例えば「民間は進んでいて、自治体は遅れている」のような民間優位の意識を持っているような場合です。「自治体の申請書類は書き方などがわかりにくいが、民間企業ではそもそも来社しなくてもネット申請できる。こうした非効率を改善したい」のような論文があります。

　こうした内容は確かに一理あると思うのですが、自治体は何も無理に住民を窓口に来庁させているわけでなく、どうしても直接話して内容を確認したうえで、申請してもらうこともあるのです。こうした事情を知らずに、単に「役所は遅れている」と決めてしまうのでは、やはり受験者の意識を疑ってしまいます。そもそも、「自治体の職員になりたい」という人が「自治体はなっていない」と批判するのは、おかしなことです。

　第三に、**自己主張の激しい受験者**です。「私は、これまでだれも達成できなかった困難な営業目標を達成しました」などと話し、いかに自分が優秀な人間であるかを長々と語る受験者がいます。確かに、自分の実績を説明することは必要なのですが、それも行き過ぎると、採用担当者には嫌味に聞こえたり、周囲の人間と上手くやっていけるのか心配になったりします。「どうしても採用されたい」という気持ちはわかりますが、「俺が、俺が」と自己主張が激しいと、公務員としての適格性に疑問を持たれてしまいます。

POINT 1

組織人のルールを
理解しているか

社会人・経験者採用試験における
チェックポイント

社会人・経験者採用試験では、エントリーシートを記入する前にチェックしておくべきポイントがある

各自の経験はそれぞれ異なるので、受験者一人ひとりが考えて、答えを導く必要がある

組織人のルールを理解しているか

社会人・経験者採用試験の受験者＝一定の社会経験有

「組織人のルール」を理解していると自治体は考える

具体的には…
組織目標の達成、上司のサポート、後輩への指導、チームワーク、周囲とのコミュニケーション、規律の保持など

➡ **自分自身の経験を振り返り、
　何をアピールできるかを考える**

● 社会人・経験者採用試験ならではのチェックポイントがある

　ここからは、社会人・経験者採用試験を受験するにあたって、事前に皆さんがチェックしておくべきポイントについて説明したいと思います。

　先に述べたように、この試験では新卒とは異なる、自治体が求める人物像があります。新卒対象とは異なるこの試験で、どのような点に注意したらよいのか、具体的に説明していきます。これらは、エントリーシートなどを記入する前に押さえておくべき項目ですが、その内容は受験者一人ひとりで答えが異なります。受験者本人が考えて、答えを導く必要があるのです。

　皆さんは自分自身を振り返り、これらのポイントを整理したうえで、どのような態勢でこの試験に臨むのかを考えてみてください。

● 受験者は組織人のルールを理解していると、自治体は考える

　まず、組織人のルールを理解しているかです。

　この試験は社会人・経験者を対象とした試験ですから、新卒とは異なり、受験者には一定の社会経験、就労経験があります。仮に、その経験が正社員でなくアルバイトであったとしても、「組織の一員として働いたことがある」ということは、「組織人としてのルールを理解している人間だ」と判断します。

　具体的には、組織目標の達成、上司のサポート、後輩への指導、チームワーク、周囲とのコミュニケーション、規律の保持などがあります。こうした点を受験者はどのように理解しているのか、もしくはどのような経験をしてきたのかは、採用する自治体では気になります。

　例えば、論文であれば「あなたが組織の目標達成のために行ったことについて述べよ」や「チームとして業務を遂行するにあたって、あなたが留意してきたことを具体的に述べてください」などのテーマが出題されることもあります。また、面接であれば、「もし、あなたが公務員になったら、あなたよりも在職期間の長い後輩をどのように指導していきますか」などのような具体的な質問になることもあります。

　このような組織人としてのルールを理解していることは、社会人・経験者採用試験では、最低限理解しておくべき事項とも言えます。そのうえで、これまでの自分の経験を振り返り、論文や面接などでどのようなアピールをすることができるのかを検証することが必要です。

POINT 2

公務員と民間人の違いを認識しているか

民間企業の目的…利潤の追求
自治体の目的……住民福祉の増進

両者の目的は異なるので、公務員と民間人では視点が異なる

そうした両者の違いを認識したうえで、公務員を志望しているのかをチェックされる

自治体の業務を理解しているか？

自治体職員を希望しているのに、自治体の業務を知らないのはおかしい

職員になって何をしたいのかを明確にする
（新卒受験者よりも深い内容であることが望ましい）

● 自治体の目的は住民福祉の増進

　ポイントの２点目は、公務員と民間人の違いを理解しているかです。公務員と民間企業の社員では、当然のことながら、組織目標が違いますから、目指すべき方向や業務遂行にあたっての視点なども異なります。

　非常にざっくりした言い方ですが、民間企業の目的は利潤の追求ですが、自治体の目的は住民福祉の増進にあります（地方自治法１条の２）。このため、公務員にとっては公平性や公正性が重視されます。特定の住民だけを特別扱いすることはありませんし、さまざまな制度や規定の整備にあたっては住民の間で不均衡が生じないようにします。

　しかし、このような業務のやり方は、形式的で非効率のようにも見えます。このため、先に述べたように、受験者の中には「行政はなっていない！」などの批判を展開する人がいますが、それは自治体に対する理解が不十分ということになります。

　このように、公務員と民間人の違いを十分理解しているのかは、非常に重要なポイントなのです。当然のことながら、自治体と民間企業のどちらが優れているかという問題でなく、両者では役割が異なるのです。この違いを十分理解した上で、公務員を志望しているのか、民間企業在職時と同じ発想ではないか、という点を採用担当者はチェックしています。

● 受験する自治体の業務を理解しているのか

　また、そもそも受験する自治体の業務を理解しているのかも重要な視点です。「私は、○○市の職員になりたいです。しかし、市の業務については、よくわかりません」では、面接官は受験者の真剣さを疑ってしまいます。

　公務員の志望理由にも関係しますが、「実際に○○市の職員になったら、観光振興の業務に従事したい」などの、具体的に業務内容を示すことが必要です。そうすると、面接官は「観光振興では、具体的にどのような業務をしたいですか」のように重ねて質問を行い、受験者の真意を確認しようとします。こうした再質問にもさらに具体的な内容を示すことができれば、面接官を納得させることができます。

　社会人や経験者枠での採用ですから、その答えも新卒受験者よりも深い内容であることが望まれます。「観光振興の業務に従事したいのですが、まだ何も知らないので、これから勉強します」などの回答では、面接官を納得させることは難しいでしょう。

POINT 3

住民対応を理解しているか

住民対応は、接遇とクレーム対応力をさす

1 接遇

接遇とは、一般的にはもてなすことや接待することを意味するが、社会人であれば顧客などへの対応のこと

社会人・経験者採用試験の受験者は、社会経験があるので、こうした接遇はすでに理解していると考えられている

面接での言葉遣いなどがチェックされる

2 クレーム対応力

どこの自治体でも職員のクレーム対応力は必須

メンタル面で問題を抱えてしまう職員も多い

社会人経験者の職員には適切にクレーム対応することが求められる

● 接遇ができるか

次に、住民対応を理解しているかです。これには、主に接遇とクレーム対応の2つの内容が含まれます。

まず、接遇です。接遇とは、一般的にはもてなすことや接待することを意味しますが、社会人であれば顧客などへの対応をさします。一般に、社会人になると、「いらっしゃいませ」、「お待たせしました」などの窓口対応や、電話での受け答え、名刺交換のマナーなどについて研修が行われます。これは、自治体でも民間企業でも共通です。

社会人・経験者採用試験の受験者には社会経験がありますから、こうした接遇はすでに理解しているものと考えられています。このため、例えば**面接で変な敬語を用いたり、年上の面接官への言葉遣いが間違っていたりすると、面接官は「この受験者は、社会人としてのマナーをきちんと身に着けているのだろうか」と不安になってしまいます。**

● 求められるクレーム対応力

次に、クレーム対応です。社会人経験があれば、クレーム対応についてもやはりある程度はできるものと判断されます。例えば、**面接で「窓口で住民が長時間にわたりクレームを言い続けてきた場合、あなたはどのように対応しますか」のような事例問題で、その対応力を見ようとします。**

最近は、どこの自治体でも職員のクレーム対応力は必須となっています。住民と直接対応する窓口職場では当然のこと、学校で起こった問題を教員に相談せず直接教育委員会へ苦情が入ったり、事業者が許認可をめぐってクレームを言ってきたりすることも、今では当たり前になりました。

こうしたクレームに対応できず、メンタルの問題を抱えてしまったり、職場を長期間休んでしまったりする自治体職員も少なくありません。新卒の公務員の場合、社会人として経験が少ないことなどから、案外こうしたクレーム対応に弱い職員もいるのです。

このような背景もあり、社会人経験者の職員には適切にクレーム対応することが求められるのです。もちろん、仮に民間企業に勤めていたとしても、それほど大きなクレームには遭遇しなかったかもしれません。しかし、こうしたクレーム対応力が求められていることを踏まえ、どのように面接官にアピールできるかを検証しておくことは、非常に重要です。

POINT 4

効率性を意識しているか

▌自治体は、民間企業の効率性を
▌自治体に反映させたいと思っている

社会人・経験者採用試験の
受験者が持つノウハウなどを、
自治体業務に活かしてほしい

効率性でアピールできるポイントはないか？

① 所属した組織としての取組み

② 個人としての取組み

…を検証する

● 民間企業の効率性を自治体に生かしたい

「公務員と民間人の違いを認識しているか」の項で、自治体は民間企業などとは異なり、非効率な面があるように見えると指摘しました。それは、先にも指摘したように、公平性や公正性の面からやむを得ないところもあるのです。しかし、自治体は、やはり民間企業の効率性を自治体に反映させたいと思っています。

皆さんも十分ご承知のとおり、公務員の仕事は「お役所仕事」と揶揄されるように、効率性が常に課題になっているのです。このため、社会人・経験者採用試験の受験者が持つノウハウなどを、自治体業務に生かしてほしいと思っています。

例えば、一般的な新卒の職員だけの集まり（職場）だけだと、どうしても発想が狭く、似通ってしまう傾向があります。そうした職場では、なかなか新しい発想は生まれにくいのです。しかし、社会人経験者の職員がそこに加わると、「前にいた会社では、こんなときは○○をやってしましたよ」という一言で案外業務が円滑に遂行することがあるのです。

● 組織としての取組み、個人としての取組みを検証する

しかし、まだ自治体職員になっていない受験者にとっては、どのような工夫が効率性に結び付くのかは想像しにくいかもしれません。反対に、よい内容と思って面接で披露したら、「そんなことは、すでに本市でもやってるよ」と言われてしまうかもしれません。しかし、それでも効率性は社会人・経験者採用試験において重要なアピールポイントになります。何か使えるネタはないか、検証してみましょう。その具体的な視点は、以下のとおりです。

第一に、所属した組織として取組みです。例えば、「以前勤務していた職場では、会議は原則30分以内のルールがあった」のように組織のルールや文化として効率性への取組みがないかを検証します。

第二に、個人としての取組みです。例えば、残業を減らすため、「日々行う集計業務をエクセルのマクロを活用して、作業時間の縮減につなげた」、「報告書の形式をフォーマット化した」など、個人的に行った内容です。

いずれの視点にしても、案外自分では気付かないものです。「こんなことは、どこだってやっていることだ」と考えてしまうかもしれません。しかし、効率性を高めるために何かしらの工夫はしていますし、見落としていることもあるはずですので、もう一度振り返ってみましょう。

POINT 5

専門性を活かせるか

1　民間企業などの経験が直接アピールできる場合

建築設計事務所に勤務していた受験者

⬇

- 施設部門やまちづくりなどの部署で専門性を活かせる
- 「民間企業の目から見た自治体業務」という視点で改善点などを提案できる

それが難しければ…

2　「業界」として考える
個人の業務で専門性をアピールできない場合、従事していた「業界」で考える

「業界」の視点や特性を、自治体業務に反映できることをアピールする

● 民間企業などの経験が直接アピールできる場合

ポイントの5点目として、専門性を活かせるかです。これは、民間企業などでの経験が、具体的にどのように自治体の業務に活用できるかです。一番わかりやすい例は、民間企業の業務が直接自治体業務に関係する場合です。

例えば、以前に建築設計事務所に勤務していた受験者がいたとします。設計事務所では、建築物の計画立案、設計、設計監理、工事監理などを行います。自治体でも、さまざまな施設の整備を行いますから、施設部門での活躍が期待できる他、まちづくりなどの部署に配属されることも想定されます。

また、設計事務所ですと実際に自治体とのやり取りを行うこともありますので、**「民間企業の目から見た自治体業務」という視点で改善点などを提案できる**かもしれません。

このように建築、土木、福祉、IT などの専門職種であれば、自治体職員になったらこれまでの専門性を具体的にどのように活かせるかを、案外簡単にアピールできます。まずは、これまでの経験を振り返り、自治体との関連などを検証してみましょう。

● 「業界」として考える

しかし、受験者によっては、これまでの経験が自治体業務とあまり結びつかないこともあるかと思います。この場合、**自分が属していた「業界」もしくは広く「社会人経験」という視点**でとらえると幅が広がります。

例えば、ある受験者がコンビニエンスストアのアルバイト経験しかなかったとします。実際には、レジ打ちや商品補充の業務しか行わなかったとしても、次のように考えることも可能です。

コンビニ業界では、冷やし中華や手袋など、季節に大きく関係する商品は、そうした商品が本格的に売れ始める前に販売し始め、その商品が流行する時期に店からなくなると言われています。これは、顧客ニーズを先取りしているとも言えます。これに関連させて、例えば住民ニーズを先取りで把握し、さまざまな事業に反映する視点をアピールするのです。自治体職員からすれば、実際に反映できるかは別として、普段の自治体の業務ではそうしたニーズの先取りをすることはあまりありませんから、新たな視点として納得することも考えられます。

専門性とは、必ずしも自分が直接従事した業務だけでなく、このように業界としてとらえたり、先に述べた社会人経験として考えてみましょう。

POINT 6

時事問題を認識しているか

社会人・経験者採用枠で採用された職員は、自治体職員として即戦力で活躍することが期待されている

自治体が置かれている状況や環境など、時事問題を理解していることが求められる

例

人口推移、待機児童数、高齢化率、新型コロナウイルス感染症など

広報紙やホームページ、また首長の所信表明、議会招集挨拶などから把握

※ただし、社会人・経験者であれば、単に情報を把握するだけでなく、時事問題に対する自分なりの意見を持つ

● 自治体を取り巻く社会状況

次に、時事問題を認識しているかです。これまで述べたように社会人・経験者採用枠で採用された職員は、自治体職員として即戦力で活躍することが期待されています。そのためには、当然のことながら自治体が置かれている状況や環境などを理解していることが求められます。

自治体の業務は、文字通り「ゆりかごから墓場まで」です。人が生まれてから亡くなるまでのさまざまな場面が、自治体の業務に関わります。例えば、未就学児であれば保育園待機児童、小中学生であればいじめ問題や学校の安全対策、社会人であれば健康対策や税金の滞納、高齢者であれば介護保険などの社会保障の問題、さらに火葬場や墓地など、本当にさまざまです。自治体の庁舎案内を見れば、人間の一生が見えてきます。

このように見てくると、自治体を取り巻く社会状況について何もわかっていないというのは困ります。例えば、**受験する自治体の人口推移、待機児童数、高齢化率など、基礎的な情報はやはり抑えておくことが必要**となります。

ただし、これらの情報をすべて暗記する必要はありません。それよりも、その自治体の喫緊の課題、つまり時事問題を把握することが必要です。当然のことながら、自治体によって課題は異なります。「待機児童数が減らなくて、保育園の整備が急務」や「待機児童はおらず、それよりも人口減少への対応」など、課題はさまざまです。

● 時事問題について社会人・経験者ならでは視点を加える

このような当該自治体の課題を探るためには、広報紙やホームページ、また首長の所信表明、議会招集挨拶などから把握できます。当然のことですが、最新の情報を入手して、的確に課題を把握しておくことが必要です。

なお、社会人・経験者採用試験の受験者であれば、こうした自治体の課題に対して、単に情報を得るだけでなく、そうした課題にどのように対応すべきかという意見を持つことが求められます。

例えば、先の待機児童の問題であれば、単に「保育園を整備すべきだ」だけではなく、「自分の勤務先にも保育園が見つからない人がいました。保育園の整備が厳しいのであれば、ベビーシッターへの補助を行うなどの制度も有効ではないでしょうか」などと、**社会人・経験者ならではの視点を加えると、面接でも効果的なアピールをすることができます。**

自己の アピールポイントを 検証する

自治体のニーズ×自己のアピールポイントを検証

「敵を知り己を知れば、百戦殆（あや）うからず」の戦略

注意点

① アピールポイントは最低でも３つ用意する

② 採用する自治体の立場で、客観的に自分を見る

③ アピールポイントは情熱の持てる内容にする

● 自治体のニーズ×自己のアピールポイント

　さて、これまで社会人・経験者採用試験ならではのポイントについて説明してきました。受験者にとって重要なことは、これらのポイントについて、何を自分のアピールポイントとすることができるかを、自分の経験に照らしながら検証することです。

　これらは次章で説明するエントリーシートを記入する前に整理しておく必要があります。エントリシート提出からすでに試験は始まってしまいますので、その前に確認しておく必要があるのです。

　冒頭で、自治体がどのような人材を求めているかを明確にしておくことを述べましたが。まずは、採用する自治体が欲しい人材を明確にし、自治体のニーズを把握することです。そのうえで、社会人・経験者採用試験特有の視点である、先に示した6つのポイントを検証し、自分のアピールポイントを明確にして、試験に臨むのです。こうすれば**自治体のニーズに対し、どのように自分をアピールすることができるか、戦略的に対応すること**が可能となります。まさに、「敵を知り己を知れば、百戦殆うからず」の戦略です。

● アピールポイントは情熱が持てる内容に

　なお、先の6つのポイントのすべてが完璧な内容である必要はありません。そもそも、そのようなことを主張できる受験者は少数でしょう。しかし、反対にアピールポイントが1つだけでも困ります。これでは「武器」としては不十分です。最低でも3つはないと、話題が少なくなってしまい、面接で会話が続かなくなります。

　また、受験者の皆さんは「採用してほしい」と、どうしても弱気な態度になりがちですが、一度採用する自治体の立場になって、自分を客観的に見てください。先の自治体のニーズと自分アピールポイントを掛け合わせ、「これで、本当に自治体がほしい人材になるだろうか」と、客観的に見てほしいのです。こうした採用側の視点は、論文や面接対策でも極めて重要です。

　ちなみに、**アピールポイントは「是非、この話を面接官に聞いてほしい！」と思うくらい、自分に情熱が持てる内容であることが望ましい**です。「面接官に納得してもらえるかどうかわからないけれど、一応これをアピールポイントにするか…」程度の内容だと、実際の面接で面接官を納得させることはできません。面接官の突っ込んだ再質問、再々質問に答えられないのです。注意してください。

COLUMN 2

実はメンタルで前職を辞めましたが、大丈夫でしょうか？

メンタルで前職を辞めたことで、試験に合格できないということはありません。実際に、私が面接したときにも「勤務先がいわゆるブラック企業で、心を病んだ」という受験者がいましたが、それを理由に不合格になったということはありません。

仮に、面接で退職理由を尋ねられた場合、そのことを隠したため面接官に「なぜこの受験者は前の勤務先を辞めたのか、よくわからないな」と疑念を持たれるぐらいならば、正直に話したほうがよいと思います。変に隠すと、「この受験者の退職理由がよくわからない。採用するのは危険だから、不合格にしてしまおう」と判断されてしまう恐れがあります。

なお、正直に「実はメンタルで前職を辞めました」と答えた場合は、「現在の生活には、まったく影響がない」、「今でも月に1回、通院している」など、現状について説明するようにしてください。面接官としては、「仮に職員になったときも、問題なく働いてくれるのだろうか」と不安に感じていますので、その不安を払しょくするための説明ができれば問題ありません。

Chapter 2

社会人・経験者採用の エントリーシート対策

申込からすでに試験は始まっている

エントリーシートやアピールシート

- 学歴や職歴、志望理由、自己の長所などを記載するもので、自己アピールのために用いられる

- 両者に実質的な違いはない（以下「シート」で表記を統一）

シートの活用例

① 一次選考として書類選考で活用している自治体

② 面接で活用している自治体

いずれの場合でも、提出にあたっては事前に十分に考えて記入することが必要

● エントリーシートとアピールシートは同じもの

　採用試験の申込にあたっては、エントリーシートやアピールシートを提出するのが一般的です。いずれも学歴や職歴、志望理由、自己の長所などを記載するもので、自己アピールのために用いられますが、両者に大きな違いはありません。このため、ここでは文字数の関係から、「シート」で表記を統一し、その書き方などについて説明していきます。なお、面接試験のときに提出する面接カードも同じと考えてかまいません。

● シートは選考の対象

　さて、シートの提出から、選考は始まります。これには、2つの意味があります。1つは、**一次選考を書類選考として、実際にシートの内容で合否を判断するもの**です。平成30年度では、青森県、愛媛県、佐賀県、秋田市、山形市、静岡市などで実際に行われている方式です。シートの内容で、一次の合否が決定しますので、シートの重要性が非常に高いのは言うまでもありません。

　もう1つは、**シートは面接に活用される**ことです。書類選考を実施しない自治体でも、必ずシートは面接で活用されます。シートは単なる受験申込書ではなく、面接試験を突破するための重要なアイテムなのです。このため、シート提出までに時間がないからといって、「ひとまず提出しておけばいいや」と、いい加減な内容で書いてしまうと、面接で困ってしまいますので、十分注意が必要です。

　見方を変えれば、**シート提出時には、すでに面接対策ができていることが必要**なのです。「どのようにして自分を理解してもらうか？」、「エピソードとして何を話すか？」などを踏まえ、採点官に「この受験者を採用したい」と思わせることが必要です。

　なお、1点注意してほしいことがあります。民間企業向けの転職対策本などに、採用してほしいことをアピールするために、申込書提出にあたり会社に何度も問い合わせを行ったり、直接会社に訪問したりして自分をアピールせよと勧めているものがあります。しかし、公務員試験ではこれは意味はありませんし、かえってマイナスです。公平・公正を重視する自治体にとっては、決められた方式で採点しますので、そうしたイレギュラーなことは嫌がります。もし、「自分はそれで採用された」などという人がいると、住民からもクレームが来てしまうので、そうした行動をプラスには評価しません。あくまで、決められたルールの中で勝負するようにしてください。

POINT 1

シートは戦略的に書く

自分本位のシートが多すぎる

具体的には…
・スペース（枠）が広いのに半分も書いていない
・スペース（枠）一杯に細かい字でびっしり書いてあって読みにくい
・そもそも文字が殴り書き、など
　→ 読み手を無視したシート

面接官の視点で考えることが重要
「この受験者は魅力的だ」と思わせる内容にする

自分の「アピールポイント」や「得意領域」に面接官を引き込むようにシートを記入する

エピソードの内容に注意する
エピソードに内容が具体的で、説得力のある内容でないと、面接で高得点は期待できない

● 自分本位のシートが多すぎる

　シートは戦略的に書く必要があります。これは、受験者の皆さんには覚えておいてほしいポイントの１つです。なぜなら、多くのシートを読んでいる立場からすると、**単に自分が書きたいこと、書けることを思いつくくままに書いているシートがあまりにも多い**のです。

　例えば、記入するスペース（枠）が広いのに半分も書いていない、反対にスペース（枠）一杯に細かい字でびっしり書いてあって読みにくい、そもそも文字が殴り書きなど、**読み手を無視したシートは本当にたくさんある**のです。そうすると、読み手は「この受験者は自分本位でしか考えないで、このシートを記入しているな」と判断してしまいます。

　社会人・経験者採用試験のシートなのですから、受験者はやはり新卒との違いをここで読み手に強調しておきたいところです。そのためには、面接官の視点で考えるとわかりやすいと思います。

● 面接官の視点になる

　受験者を全く知らない面接官がシートを一読したとき、「この受験者は魅力的だ」、「この人の話を聞いてみたい」と思わせる内容が必要です。それが、効果的なシートであると言えます。シートが書類選考になっている自治体であれば、読み手がそのように思わなかったら、そこで不合格になってしまいます。そのため、シートの各項目について、どのような記述が望ましいのか、十分検討する必要があります。

　具体的には、**自分の「アピールポイント」や「得意領域」に面接官を引き込むようにシートを記入する**ことです。前章で、社会人・経験者採用試験受験者に特有のポイントを説明しましたが、そうしたポイントを参考にして、何を書いたら自分を効果的にアピールできるか、よく検討してください。

　その際に注意してほしいのは、エピソードの内容です。「あなたがこれまで成し遂げてきたこと」でも「あなたの長所」であっても、何か具体的なエピソードが必ずあるはずです。これは、必ず面接で聞かれます。

　例えば、面接で「あなたの長所は何ですか」と聞かれたら、「多くの人の意見をまとめることです」と答えれば、必ずその後に経験談を述べることとなります。この**エピソードに内容が具体的で、説得力のある内容でないと、面接で高得点は期待できません**。このため、シートには単に先の内容を書いても、面接で話せるエピソードを必ず考えてください。

POINT 2

分量は多すぎても、少なすぎてもいけない

エントリーシートの様式

① 原稿用紙のように1マス1マスが決められ、「600字以内」などと指定されているもの

② 大きな四角の枠だけが決められているもの

③ 罫線があるもの

いずれも指定された分量の8割程度は書く

→ 分量が少ないと、受験者の真剣さが疑われる

→ 反対に、書ききれないからといって、自分で別紙、枠、罫線を追加するのはNG

● シートの様式は自治体によって異なる

　次に、文字の分量です。シートの様式は自治体によって異なりますが、おおむねシートの様式は、①原稿用紙のように１マス１マスが決められ、「600字以内」などと指定されている、②大きな四角の枠だけが決められている、③罫線があるもの、などに区分されます。

　例えば、①であれば、できるだけ上限ぎりぎりの文字数で書くことが必要です。最低でも８割程度書かないと、自治体が求める内容に十分に応えたとは言えません。反対に、指定された文字数が600字なのに、指定文字数を大幅に超えたり、勝手に別紙を追加するのはルール違反です。１～２文字であれば理解できますが、それ以上のオーバーは受験者の姿勢を疑ってしまいます。

● 指定された分量の8割は書く

　先の②、③についても、その指定された分量（枠や大きさ）の８割程度が書かれていることが必要です。これは、皆さんがシートを受け取る立場になれば理解できると思います。例えば、四角で指定された枠の半分しか文字が書かれていないシートを見れば、「この受験者は真剣に受験しようという気持ちがあるのだろうか」と考えてしまうものです。

　また、指定された枠や罫線で書き終わらずに、自分で枠や罫線を追加するのはNGです。先に、文字数指定の場合で大幅な文字超過や勝手に別紙を追加するのは不可と書きましたが、枠や罫線についても同様です。公務員試験では公平性・公正性を確保する観点から、やはり勝手に書式を変更するのはNGですので注意してください。自治体によっては「別紙（別シート・別ファイル）の添付等は認めない」をわざわざ明記していることもあります。

　なお、こうしたシートの書式を設定したうえで、ダウンロードして記述することを求める場合があります。この際、シートのファイルについて「行・列の挿入や高さ・幅の調整は行わないこと」と注意していることがあります。これは、印刷したときに、すべての受験者が回答する枠が同じ大きさになっていることが必要なためです。

「このシートには余白があるから、志望理由の回答の部分についてはセルを大きくしよう」と高さを変更すると、受験者から提出されたシートがバラバラになってしまうのです。これでは、ルールが統一されないのです。皆さんからすると、「形式的で、公務員らしいなぁ」と思うかもしれませんが、やはりルールを守って入力しましょう。

POINT 3

文字は適度な大きさで、丁寧に書く

文字は大きすぎず、小さすぎず、読み手が読みやすい大きさで書くことが大事

→ 例えば、小さい字でびっしり書いてあるシートは読み手を配慮していない
→ 面接官は何回も読み直さなければ理解できない

文字は必ず丁寧に書く

→ 文字の上手・下手は関係ない
　殴り書きでは、受験者の真剣さを疑ってしまう

● 文字は大きすぎず、小さすぎず

　例えば、ある自治体で「志望理由」を書くように、シートに大きな四角の枠だけが示されていたとします。これを手書きで記入する場合、文字の大きさによって文字数が異なるのは当然のことです。文字数の指定があれば別ですが、そうでない場合は、こうした文字の大きさについてどのように考えたらよいか、と受験者は疑問に思うかもしれません。

　結論から言うと、**「適度な大きさで書くことが大事」**となります。これでは「答えになっていない！」と言われそうですが、「文字は大きすぎず、小さすぎず、読み手が読みやすい大きさ」としか言いようがないのです。

　これも皆さんに、シートを受け取った読み手の立場で考えてほしいのです。仮に、小さい字でびっしり書いてあったシートがあったとします。受験者本人としては、一所懸命さをアピールしたつもりかもしれませんが、「この小さい文字を読め」というのは、読み手に配慮したシートとは言えません

　仮に、面接官が事前にシートを読むとしても、多くの受験者がいれば、一人一人のシートを細かく読み込んで面接に臨むのは困難です。また、細かい字でびっしりと書いてあると、一度読んでも内容を理解できずに、何度も読み直すことも必要となります。これは面接官にとっては、困ったシートに映るのです。

　反対に、大きすぎる文字でシートを書く受験者はほぼいません。実際に、私も多くのシートを見てきましたが、「少し文字が大きいかな」と思うことが、たまにあるくらいです。「このシートは、文字が大きすぎて違和感があるなあ」と思ったことはありません。そうはいっても、やはり大きすぎる文字は違和感が生じるでしょうし、受験者の真剣さを疑ってしまうので注意してください。

● 殴り書きはダメ、文字は下手でも丁寧に書く

　受験者の皆さんに特に強調しておきたいのは、**「文字は下手でもよいが、必ず丁寧に書くこと」**です。これも実際に読む人の立場になればご理解いただけると思いますが、「是非、採用してほしい」という受験者のシートが殴り書きであれば、やはり採用者側は受験者の真剣さを疑ってしまうでしょう。ちなみに、文字の上手・下手は関係ありません。大事なのは、丁寧に書くことなのです。

　最近は、文字を書く機会が減っており、ペンで書くことが苦手になっている人も多くいます。しかし大事な書類ですので、丁寧に書いてください。

POINT 4
同じ内容を2回書かない

 例

「あなたのこれまでの職務経験などで最もアピールできる点を記入してください」
「あなたが自分で思う長所について記入してください」
「市職員として取り組みたいことは何ですか」

⬇

「自分は職場のチームリーダーとしてチームを引っ張り、実績を上げてきた。このように、自分の長所はリーダーシップがあることで、市職員になってもリーダーシップを発揮して実績を上げていきたい」
…質問が違っても、同じ内容の答えになっている

同じ内容が何度も出てくるシートでは、それだけ受験者の人柄が薄っぺらく、単純なものにしか見えなくなってしまう

できるだけ多くのアピールポイントを自分で見つけて、それらのアピールを各質問に応じて回答できるのが理想

● 同じ答えが繰り返されると、ため息が出てしまう

これまでに数多くのシートを見てきましたが、よくあるケースとして次のようなものがあります。「あなたのこれまでの職務経験などで最もアピールできる点を記入してください」、「あなたが自分で思う長所について記入してください」、「市職員として取り組みたいことは何ですか」などの質問に対して、すべての回答が「自分は職場のチームリーダーとしてチームを引っ張り、実績を上げてきた。このように、自分の長所はリーダーシップがあることで、市職員になってもリーダーシップを発揮して実績を上げていきたい」のように、答えがすべて同じ内容や経験を書いているシートです。

つまり、質問項目はそれぞれ異なるのですが、回答の元になる内容が同じで、「職場のチームリーダーとしてチームを引っ張り、実績を上げた」ことにつながるのです。このようなシートを見ると、「また、同じ内容の繰り返しか…」と思わずため息がでてしまいます。

● 質問に応じて、さまざまなアピールポイントを出す

受験者からすれば、「これこそが、自分のアピールポイント！」なのかもしれませんが、面接官からすれば「これしかアピールすることはないのか？」と疑問に思ってしまいます。

同じ内容が何度も出てくるシートでは、それだけ受験者の人柄が薄っぺらく、単純なものにしか見えなくなってしまうのです。これでは、面接官は「この受験者を採用したい！」とは思えないのです。反対に「何か隠しているのでは」と疑ってしまいます。後で面接について説明しますが、面接は「ミスがないから合格」ではなく、「この受験者なら職員になって、きっと上手くやってくれるだろう」という安心材料があるから合格なのです。

シートは単なる受験申込書ではありません。シートの目的は、複数の質問項目を設けて受験者の人間性をさまざまな面から検証しようとするのです。さまざまな面から受験者を検証しようとしているのに、同じ答えしか返ってこないのでは、やはり面接官は不安に感じてしまいます。

以上のことから、シートには同じ内容を2回書かないことを目指してください。できるだけ多くのアピールポイントを自分で見つけて、それらのアピールを各質問に応じて回答できるのが理想です。

ただし、どうしても同じことを書かざるを得ないこともあるかもしれません。その場合には、視点を変えるなど、変化を持たせるようにしてください。

POINT 5

アピールポイントは客観的に検証する

アピールポイントは、本当にそれが
アピールポイントになるのか検証する

受験者がアピールポイントと思っていても、
採用者側ではそれが理解されないことがある

アピールポイントの証明方法

① 客観的な評価や事実
英検1級を取得した、社内で表彰されたなど

② 他人の評価
他人の発言やコメントなど

● 受験者にはアピールポイントを証明する義務がある

これまで述べたように、シートに書くアピールポイントは非常に重要です。受験者からすれば、それが「売り」であり「セールスポイント」だからです。しかし、それが本当にアピールポイントになっているのか、必ず客観的に検証してください。なぜなら、受験者本人が「これが、自分のアピールポイントだ！」と思っていても、面接官からすれば「えっ、それが誇れる内容なの？」と疑問に思ってしまうことが結構あるからです。

例えば、受験者はアピールポイントとしてシートに記入するかもしれませんが、それが客観的に見て本当に立派なことなのかは、基本的に読み手にはわかりません。「英検1級を取得した」、「大学選手権で優勝した」、など客観的に証明できる内容であれば、ある程度説得力があります。しかし、多くの受験者のアピールポイントは、そのようなだれの目にも明らかな内容であることは少ないでしょう。アピールポイントの多くは、個人的な体験、もしくは客観的に証明がしにくい内容であることがほとんどだと思います。

そうした内容をアピールポイントと主張してシートに記入するのですから、**「これがアピールポイントだ！」ということを、きちんと証明する義務が受験者にはあります。**

● アピールポイントの証明方法

では、実際にどのようにアピールポイントを証明するか、その方法について説明したいと思います。

1つは、**客観的な評価や事実**です。先に述べたように、英検1級を取得した、地区大会で3位になったなど、何かしらの客観的な評価や事実があると説得力は高まります。その内容は、必ずしも世間一般には知られていなくても構いません。例えば、「あなたが、これまでの職務経験の中で誇れること」を記入する場合、単に「係で目標額を達成した」よりも「係で目標額を達成し、社内で表彰された」というほうが説得力は高まります。

2つ目として、**他人の評価**です。例えば、「係で目標を達成して、上司から『よくやった』と褒められた」という他人の評価をシートに加えると、単に「目標額を達成した」よりは、客観性が高まります。もちろん、シートに嘘を書いてはいけませんが、少しでも他人の評価があれば加えるようにしてください。これで、単なる自己主張ではなくなります。このように、他人の発言やコメントも併せて記入して、少しでも客観性を持たせてください。

面接を想定して書く

シートは必ず面接で使用されるので、面接を想定してシートを記入することが大事

具体的には…

1 エピソードなどすべて書かず、面接のために質問を残しておく

- 大まかな概要だけを記載し、詳細は面接で聞かれるようにする
- 面接官に「この点について、もう少し話を詳しく聞きたいな」と思わせる

2 再質問・再々質問を想定してシートを書く

- 書いてあることについて厳しく突っ込まれて、答えに困るような内容では困る
- 受験者によっては、シートに書いてあることは立派なように思えるものの、よくよく聞いてみると、中身がなかったり、受験者の勝手な思い込みだったりする

● エピソードなど、すべてをシートに記入しない

シートは、必ずと言っていいほど面接で活用されます。通常、面接官はシートを面接前にチェックして、面接に臨みます（チェックは面接直前ということもありますし、比較的時間に余裕のある場合もあります）。このため、**受験者からすれば、面接を受けることを想定したうえで、シートを記入することが大事**ということになります。これまでも「同じ内容を2回書かない」など、面接を想定した注意についても言及してきましたが、それ以外にも、次のような点に注意することが大事です。

1点目は、**エピソードなどすべて書かず、面接のために質問を残しておくこと**です。例えば、「これまでに最も実績を残せたと思うことを記入してください」であれば、エピソードも含めてすべてを事細かに記入にするのでなく、大まかな概要だけを記載し、詳細は面接で聞かれるようにするのです。

つまり、面接官に「この内容は、具体的にどういうこと？」、「この点について、もう少し話を詳しく聞きたいな」と思わせるよう、シートに余韻を残しておくことです。言い方を変えれば、シートにすべてのことを記入してしまい、「この内容についても質問しても、きっとここに書いてあることを答えるんだろうな」と面接官に感じさせないことが必要なのです。

● 面接官に突っ込まれて、答えられない内容では困る

2点目は、**再質問・再々質問を想定してシートを書く**ということです。面接では、1つの質問を深く掘り下げていきます。例えば、「あなたの長所は何ですか」が最初の問いであっても、その後に「長所が発揮できたと思うエピソードを教えてください」、「なぜ、それを長所だと思うのですか」、「それは、本当は短所ではないですか」と、質問を掘り下げていくのが一般的です。

このため、シート記入にあたっても、こうした再質問・再々質問を想定することが大事です。例えば、書いてあることについて厳しく突っ込まれて、答えに困るような内容ではいけません。シートに書いてあることは立派なように思えるのですが、よくよく聞いてみると、中身がなかったり、勝手な思い込みだったりすることがあるのです。

面接対策が上手い受験者は、こうした再質問・再々質問を想定して、きちんと答えを用意していることもあります。そうした受験者を見ると「よく対策を練っているなあ」と感心させられます。ただし、こうしたときは面接官もあえて想定できないような質問をして、受験者の様子を見ることもあります。

公務員としての
適格性を感じられる
内容か

▌シートの記入だけで、公務員としての適格性に疑問の感じさせてしまうケース

1　自分の優秀さをアピールするために、公務員としての資質に疑問を感じてしまうケース

例えば…

熱意・一所懸命さをアピールするあまり、
「目的のために手段を選ばない人」と思われてしまう

2　真面目さや堅実さアピールするあまり、組織人としての行動に疑問を覚えてしまうケース

例えば…

真面目さをアピールするものの、
周囲の人間とのコミュニケーションが感じられず、
「職場から孤立した人かも？」と思われてしまう

● 公務員と民間企業では評価のポイントが違う

　社会人・経験者採用試験申込みにあたりシートを提出するわけですが、そのシートに書いてあることが、公務員としての適格性を疑われる内容であっては当然困ります。「そんなことあるの？」と思われるかもしれませんが、実際にはあります。それは、次のようなものです。

　第一に、自分の優秀さをアピールするために、公務員としての資質に疑問を感じさせてしまうケースです。例えば、「どうしても獲得したい契約があり、相手の会社の担当者と交渉したが、上手くいきませんでした。そこで、その上司の自宅まで出向き、朝夕に何度となく契約をお願いしたところ、最後には何とか契約が取れました」というようなものです。これは、自分の熱意をアピールするつもりで答えたのかもしれませんが、「目的のために手段を選ばない人」と判断される可能性もあります。

　民間企業の面接であれば、「ガッツがあるな」と高評価になるかもしれませんが、公平性・公正性を重んじる公務員としては、疑問に感じてしまうこともあります。特に、面接官になるベテラン職員は高齢の職員も多いので、マイナスの評価になるおそれもあります。

● 社会人や経験者にとっては、大きなチャンス

　第二に、真面目さや堅実さアピールするあまり、組織人としての行動に疑問を覚えてしまうケースです。例えば、「職場では、周囲の人から真面目で堅実な人という評価を受けていました。書類の間違いやミスなどをいち早く見つけられました。そのため、周囲の職員の業務とは異なり、書類のチェック役に徹していました」などの内容は、確かに性格は真面目なのかもしれないけれど、単に職場で孤立してしまい、そうした仕事だけを割り振られただけではないか、と感じてしまいます。そうなると、組織人としてこの受験者は本当にやっていけるのだろうかと疑問が残ってしまいます。

　こうしたアピールをする受験者は、「公務員は公正さが重要だから、その点をアピールしておけばよい」と安直に考えていることがあります。「自分は真面目。だから、公務員向き」という発想は、あまりに単純すぎます。

　さらに言うならば、真面目さ・堅実さをアピールされても、それは新卒の公務員にもたくさんいるので、社会人・経験者採用試験では、アピールポイントにならないのです。前章でも説明したように、この社会人・経験者採用試験を実施する意味は、新卒公務員にない部分を求めている点にあるのです。

シート全体で人物像が読み取れる内容か

シート全体を読むと、疑問が出てきてしまうケース

1　シート全体で見ると、矛盾があるもの

- ある質問では、前職で社内で表彰されたと書いてあるのに、他の質問項目では、これまで社内で活躍したことはまったくなかったような記述がある
- 付随するエピソードの内容が微妙にずれていたり、事実関係が少し異なっていたりすることがある

2　真面目さや堅実さアピールするあまり、組織人としての行動に疑問を覚えてしまうケース

- シート全体を読むと、内容がバラバラで「この受験者は、本当は一体どういう人物なんだろか」と不安に感じるようなシートは不可

● シート全体を見渡すと矛盾がある

　最後のポイントは、シート全体で人物像が読み取れる内容になっているか、ということです。これまで説明してきたように、自分のアピールポイントを十分に踏まえ、また各質問で再質問や再々質問も十分に考えて、シートを記入したとします。そのうえで、シート全体で人物像が読み取れる内容になっているか、チェックしてください。そして、次の点に注意してください。

　第一に、シート全体で見て、矛盾がないかです。例えば、ある質問では、前職で社内で表彰されたと書いてあるのに、他の質問項目では、これまで前職で活躍したことはまったくなかったような記述がある、などです。わかりやすく矛盾があるということはないのですが、それに付随するエピソードの内容が微妙にずれていたり、事実関係が少し異なっていたりすることが、結構あるのです。

　面接では、面接官は受験者の話を聞きながら、前職の様子などを想定しながら面接を進めます。しかし、面接が長くなるにつれ、話に矛盾が出てくることが稀にあるのです。シート記入にあたっても同様です。実際の話を脚色したり、誇張したりすると、このような矛盾が出てくることがあるので、注意が必要です。

● シート全体から人物像を想像できない

　第二に、シート全体で、人物像に統一性が見られないケースです。例えば、ある質問では、受験者が周囲の人間を引っ張ってリーダーシップを発揮した様子が描かれているものの、別な質問項目では、周囲の人間と溶け込むことができず、孤立している状況が述べられていたとします。

　もちろん、一人の人間ですから、ある職場ではリーダーシップを発揮していても、他の職場では、まったく反対の様子のこともあります。しかし、読み手としては、「この受験者は、いったいどういう性格なんだろうか」と心配になってしまうのです。おそらく、話をじっくり聞けば、「なるほど、そういうことか」と理解できるのでしょうが、シートを読んだだけでは人物像が描き出せないのです。これでは、採用者側が不安に感じてしまうのです。
「シート全体で、受験者のキャラクターがわかるようにすべき」とまでは言いませんが、「この人、本当はいったいどういう性格なんだろう」、「このシートからでは、よく人物像が見えないな」と読み手を不安に陥れることがないようにしてください。シートを書き上げたら、全体を確認してください。

49

エントリーシート・アピールシートの例

神戸市：アピールシート

よい例

1　あなたが神戸市に就職（転職）しようと思った理由について、あなたが仕事選びで重視する点を踏まえて記入してください。（300字程度）

　神戸市のまちづくりに携わりたいとの気持ちが強くなり志望しました。自分は○○市出身ですが、大学生のときに神戸市に住んでいました。そのときに、阪神・淡路大震災から復興した神戸市がさらに観光、商業、港湾など、さまざまな面で飛躍していき、都市としてダイナミックに発展していく姿を目の当たりにしました。こうした都市の成長に関わりたいとの思いから、大学卒業後は建設会社に就職しましたが、民間企業で行うまちづくりは、方向性や可能性に限界があると感じるようになりました。都市全体が広く住民や観光客に愛されるためには、やはり行政によるまちづくりが重要であると強く感じ、今回志望しました。

2　これまで培ってきた経験・知識・専門的能力はどのようなものですか。また、それを神戸市の仕事でどのように活かすことができるか記入してください。（300字程度）

　現在勤務している建設会社では、営業を担当しています。入社以降、顧客や取引先との折衝・交渉や、社内でのプレゼンテーションなどの経験を多く重ねてきました。このため、対人関係は比較的得意と考えております。「相手が本当に求めていることは何か」を正確に見極め、お互いの主張が異なる場合には、どうしたら妥協点を見つけることができるかなど、困難な交渉の状況の中でも、相手と真摯に対応することができます。また、社内からは論理的でわかりやすい説明との評価もいただいております。こうした能力は、職場内のコミュニケーションはではもちろんのこと、住民や業者などの対応にも活かせると考えております。

3　神戸市の求める人材像について，あなたの考えや経験について記載してください。

(1)【チャレンジ精神】：直近4年間において，あなたが自分から積極的に困難な状況にも怯まず最後までやりきったことにより大きな成果を挙げた事例について、具体的に記入してください。（300字程度）

　あるプロジェクトにかかる資料作成です。当社で計画したプロジェクトを地権者などの関係者に提案することとなり、自分は資料作成を行うこととなりました。時間が限られている中で、多くの資料を作成する必要がありました。関係者に提示する前に、社内の上司のチェックを受ける必要があったのですが、「わかりにくい」、「何が言いたいのかわからない」など、何回もやり直しを命じられました。このため、書籍で調べたり、先輩の作成した資料を参考にしたりして、だんだんと資料をブラッシュアップすることができました。最終的には、「わかりやすい資料だ」と上司だけでなく、関係者にも評価していただきました。

（2）【リーダーシップ】：直近4年間において、あなたがグループの中で方向性を示し、グループメンバーから協力を得て何かに取り組んだことにより大きな成果を挙げた事例について、具体的に記入してください。（300字程度）

研修で班リーダーを務めたことです。現勤務先では、入社3年目の社員を対象に、業務提案を行う研修が実施されます。当初、我々の班では、さまざまな意見が出て、なかなか案がまとまりませんでした。また、まとまった後も他の班や上司からの厳しい質問に大変苦労しました。そのため、班のメンバーには、疲労困憊してしまい、モチベーションを大きく下げてしまった者もいました。しかし、私は「あきらめてしまったら、先に進めなくなってしまう」とメンバーを励ますとともに、一人ひとりと密にコミュニケーションを図るように工夫しました。その結果、メンバーも最終発表に向けて1つにまとまり、リーダーである私のこともサポートしてくれました。そして最終発表では、「よい提案だった」との評価をいただくことができました。

（3）【デザイン力】：直近4年間において、あなたが今までにない新しい方法等を取り入れるなど工夫して取り組んだことにより大きな成果を挙げた事例について、具体的に記入してください。（300字程度）

業務の事務改善です。これまで業務日誌を各自が自分のパソコンで管理し、1週間ごとに印刷して上司に報告するというスタイルでした。しかし、実際の勤務と報告までの間にタイムラグが生じること、紙に印刷するのはコストがかかることが課題でした。このため、他の社員とも協力しながら、①報告はメールで翌営業日の午前中に行う、②報告の書式をフォーマット化するとともに、サーバーにストックできるようにする、などの変更案を作成し、上司に提案しました。その結果、所属するグループ内で変更案が採用されることとなりました。他の社員からも「作業が楽になった」との声をいただきました。

記入事項の多いアピールシートの例です。こういう場合、つい同じことを書いてしまいがちですが、それぞれの内容が重ならないことから、この受験者のさまざまな面を見ることができるよいシートになっています。また、それぞれの内容が具体的であり、読んだ採用担当者がその場面を想像できるため説得力あります。エピソードは単なる自分の思いや考えを述べるだけでなく、「よい提案との評価をいただいた」のように、他人からのコメントを加えることで客観性を持たせられます。

福島県：アピールシート

よい例

1　志望動機（200字程度）

　自分が生まれ、育った地元である福島県と、県民の皆さんのために働きたいと思い志望いたしました。私は、大学入学のために上京し、そのまま就職しました。しかし、東京で東日本大震災を経験してから、地元・福島のことが常に気になるようになりました。日増しに「県と県民の皆さんに、少しでも恩返しをしたい」との気落ちが強くなっていき、また、現職場でこの４年間従事してきたプロジェクトにも目処が立ったことから、今回受験を決意いたしました。

2　民間企業等における職務経験や実績（400字程度）

　現在、プログラミングスクールに勤務しており、講師として教えるとともに、企業や学校などに講座の営業などの業務を行っています。これまでの職務経験で得たことは、相手の立場になって考えることの重要さです。講師として、ある年配の方にプログラミングを教えていたことがあります。その方は、英語が苦手なこともあり、なかなか理解できずに苦しんでいました。最終的には「どこがわからないのかも、わからない」という状態になってしまい、スクールを辞めてしまおうと悩んだそうです。そのため、私は「では、わからないと思うことを１つ教えてください。そこから一緒に考えていきましょう」と話して、その方の目線になり、１つ１つ疑問を解消するようにしました。これにより理解も進み、無事コースを修了することができました。最後に、「コースを修了できたのは、本当にあなたのおかげです」と感謝の言葉もいただきました。こうして、これまで約80人をコース修了させることができました。

3　自己PR（300字程度）

　物事を多面的にとらえ、探求していくことが私の長所だと考えます。学生時代から趣味は読書で、特に歴史小説が好きです。よく司馬遼太郎の本を読むのですが、単に読破するだけでなく、読んだ後には主人公に関係する場所を訪問したり、関係する人物の本などを読んだりして、より興味を広げて深めていきます。そうすると、最初の本だけではわからなかったことが判明したり、別の解釈も発見できたりと、より深みが増していきます。昔から親に、「自分で興味を見つけて、究めていくタイプだ」と言われていました。こうした自分で考えて、物事の本質を見極めていく性格は、県職員となった後でも、事務改善や新たな問題発見など、業務に活かせると考えています。

　字数も適量で、全体的に過不足なくまとまっています。読みやすさを考えれば、適当に改行するなどの工夫があってもいいでしょう。
　面接試験では、ここに書かれたことのほか、さらに突っ込んだ内容、そして、「これ以外で県行政に活かせる経験はありませんか」といった質問がされる可能性があります。書いていないことについてもしっかり考えておきましょう。

新潟県：自己PR書

よい例

1　氏名等

（回答省略）

2　自己PRする経験

○○銀行融資部で、融資審査に従事。主に中小企業の融資を担当

3　自己PR内容
① PRしたい民間企業等での経験等（職務内容、具体的な実績、資格等）
② 民間企業等で培ったこれまでの経験等を、新潟県行政でどのように活用するか

①職務内容は、融資を受けたい企業から財務諸表や事業計画などを提出してもらい、融資の可否を判断することです。2016年から融資業務に従事しており、これまで審査を行った企業は約200社になります。資格として、日商簿記2級を所持しています。

②財務諸表を分析し、財務の健全性などを判断できる力は、主に3つの場面で活用することができると考えます。

　　第一に、業務委託を行う企業の安全性を確認することです。県ではさまざまな企業に業務の委託を行っていますが、その企業の財務が健全であることは重要です。委託業者決定の際に、財務状況を把握し、企業の財務状況を判断することができます。

　　第二に、県が外郭団体の監査を行う場合です。外郭団体は企業会計を用いていることが多いため、単式簿記を活用している県の職員では財務判断を行うことは難しいと考えます。財務諸表を読み込み、外郭団体の健全性を判断することができます。

　　第三に、県の財政運営の判断を行う場合です。現在、地方自治体では公会計制度が導入されています。このため、県の財政運営を判断する際にも、財務に関する知識は十分に活かされると考えます。

　　いずれの場合でも、財務状況を的確に判断しなければ、委託企業が倒産したり、外郭団体の運営が困難に陥ったりと、県民の貴重な税金が無駄になってしまうおそれがあります。こうした事態を避けるためにも、銀行での経験・知識は活かせると考えます。

　②については、「3つの場面で」、「第一に」など、要点を区切ったことにより読みやすくなっているところがよい点です。民間企業での業務経験を県政に活かす方法も具体的に示してあり、意欲がみられます。面接試験では、もっと細かいことを聞かれたり、逆に、「今の仕事にやりがいを感じていらっしゃるようですから、転職する必要はないのではありませんか」といった切り返しが来ることが予想されます。これで完璧だと思わず、幅広く想定質問を考えておきましょう。

---

1 社会人・経験者採用の目的とポイント

2 社会人・経験者採用のエントリーシート対策

3 社会人・経験者採用の論文対策

4 社会人・経験者採用の面接対策

5 今年出題されそうなテーマとポイント

53

東京都:エントリーシート

残念な例

1 志望理由:あなたが東京都で働きたいと思った理由は何ですか。

日本の首都である東京で働きたいと思い、志望しました。今後、ますます少子高齢化が進行し、人口減少する中で、日本の活力は失われることが予想されます。そのような中で、日本をけん引するのはやはり東京です。今後の日本を支える一翼を担いたいと思い、今回受験する決意を固めました。

内容が漠然としており抽象的です。この内容では採用担当者を納得させることはできません。例えば、「都の職員となって具体的に何をしたいのか」などを書かないと、「単に民間が大変だから志望したのでは」と考えてしまいます。

2 都政で活かせる経験:あなたがこれまで成果を挙げた経験の中から都政において活かせると考えるものは何ですか。また、それをどのように都政に活かしたいと考えていますか。

現在の勤務先で、多くの資料をつくることからワード・エクセルが得意です。ブラインドタッチができるため、他の人よりも早く入力することができます。このため、大量のデータ入力などは短時間で仕上げることができます。

ワード・エクセルなどのソフトは、今ではほぼだれでもできるスキルであることから、シートに記入する事項としては適当ではありません。例えば、エクセルの VBA ができて、簡単なプログラムをつくり業務改善につなげるなどの内容が必要です。

3 部下や後輩の指導等に関する経験:あなたが部下や後輩を指導・育成する上で苦労した点や工夫した点は何ですか。

それぞれの個性に応じて指導することです。部下や後輩もさまざまで、いわゆる一を聞いて十を知るタイプの人間もいれば、一つ一つ教えないとなかなか理解できない人間もいます。このため、まずは人の個性を見極める重要さを認識しました。

最後に「人の個性を見極める重要さを認識」とありますが、指導にあたり具体的にどのように工夫したのか（相手に応じて話し方を変えたなど）を述べることが必要です。

4　利害関係者との調整に関する経験：あなたが社内の他のセクション、取引先、顧客との調整で苦労した点や工夫した点は何ですか。

> 　ある商品に欠陥があり、それに対する顧客からのクレームに苦労しました。電話で対応を行ったのですが、ずっとクレームを言われ続け、結局は1時間も対応していました。欠陥の商品を販売することは、会社全体に影響があるのだと痛感しました。

> 　単なる感想で終わっています。顧客からのクレームに対してどのように説明したのか、どのようにして理解してもらったのか、など受験者自身が工夫した点について説明しないと、採用担当者は人物像を知ることができません。

5　資格及び検定試験等：今までに取得した資格等で、業務遂行において活用したものを記入してください。

> （回答省略）

6　自己PR

> 　自分は明るく、だれとでも仲良くなれることが長所だと思っています。現在の勤務先でも、円滑なコミュニケーションが図られています。また、取引先の方からも気軽に相談されるなど、良好な関係を構築できています。都職員となっても、こうした性格を生かしていきたいです。

> 　社会人の自己PRとしては、不十分です。採用担当者は、「あなたを採用すると、具体的にどのように貢献してくれるのか」を考えています。自治体に「あなたを採用する理由」を明確に示すことが必要です。

愛媛県：エントリーシート

残念な例

1　職務経験の内容

（回答省略）

2　志望動機（字数制限なし）
あなたが、愛媛県職員になろうとした理由を記入してください。

　志望動機は、県を変革したいと考えるからです。残念ながら、自治体や公務員に不祥事が連日報道されています。例えば、自治体は前例踏襲ばかりで、新しい事業や改善しようとする姿勢に欠けています。民間企業にいる自分の目から見ると、非効率な面が多いと思わざるを得ません。また、公務員のセクハラや汚職などの行為も後を絶ちません。このようなことでは、貴重な税金が無駄になってしまいます。こうした状況を変えたいと考え、志望しました。

　これでは単に行政批判、公務員批判になってしまいます。文面どおり読めば、「非効率な自治体や不正な公務員を正すために、私が県庁を変革する」となります。これでは、採用する自治体は「いったい何様のつもりだ」と考えてしまうでしょう。

3　民間企業等での職務経験における実績・成果（字数制限なし）
あなたの民間企業等での実績や成果について、次のような内容を盛り込んで具体的に記入してください。
《記載する内容》その業績等に至る背景、あなたが果たした役割、目標設定や計画設定、苦労した点や工夫した点など

（回答省略）

4　県職員として活かすことができる能力等（字数制限なし）
あなたが、これまでに民間企業等で得た経験や能力を、今後、愛媛県職員としてどのように活かしていくか記入してください。

　体力だけには自信があります。中学・高校と剣道部に所属してきました。週に3回の練習でしたが、最初は素振りにもついていけないほどひ弱でした。このため、入部当時はつらかったです。卒業時に顧問の先生に、「お前は入部当時はひょろひょろだったから、途中で辞めると思ったよ」と言われるほどでした。しかし「もっと強くなりたい」との思いから、家でも素振りを日課とし、3年生のときには〇〇市の個人戦で3位になりました。これで自分に自信を持てるようになりました。こうした経験から「体力はすべての基本である」ということを学びました。現在の勤務先でも、朝は始業時刻よりも1時間前に出社することとしており、前日に飲み会があっても遅刻するようなことはありません。

　設問は細かい文字までしっかり読みましょう。まず、「これまでに民間企業等で得た経験や能力」が何かが伝わってきません。体力があることは理解できますが、それが自治体職員として働いた場合、どのように活かせるのかがわかりません。このシートの内容では、単に思い出話や自慢話になっています。いくらアピールポイントとは言え、採用する自治体にとってのメリットがわからなければ、意味がありません。「体力はすべての基本である」という内容も、読んだ採用担当者は「だから、何？」と思ってしまいます。

広島県：アピールシート

残念な例 ✕

1 氏名・経歴等

現職：学習塾「〇〇会」で講師として勤務。指導対象は、小中学生。

2 あなたが広島県職員を志望する理由を記入してください

生まれ故郷の広島県で働くのが以前からの夢でした。学生の頃も受験しましたが、そのときは残念ながら不合格でした。しかし、諦めきれないので、改めて受験したいと思いました。

> 思いがあるのでしょうが、これではなぜ公務員に転職したいのかが伝わってきません。ずっと夢だったから、では弱いのです。社会人になった今だから言えることを考え、なぜ諦めきれないのかを掘り下げてみましょう。

3 1の経歴のうち、あなたが広島県職員として活かすことができる最もアピールしたいことについて、どのような目標を立て、どのような状況・場面でどのように行動し、どのような結果が得られたか、具体的に書きなさい。

現在、学習塾「〇〇会」に勤務し、講師をしています。小学生には算数・国語・理科・社会を、中学生には数学・英語を教えています。1クラスは5〜10人で、これまで100人くらいの子どもを教えました。

私は人に教えることが得意で、「難しい内容を、わかりやすく説明する」ことができます。これは、県民の皆様に説明するときや、上司や同僚などのコミュニケーションに役立つと思います。例えば、県民の方が用事で県庁にお越しになっても、役所特有の表現や専門用語などでなかなか理解できないことがあると思います。このようなとき、私はその県民の方に、ゆっくりわかるように説明します。なかなか理解ができなければ、その方がわかるまで2時間でも3時間でもご理解いただけるまで説明します。こうした親切丁寧な対応こそが、県民の皆様に寄り添った対応だと信じています。また、上司に仕事の進捗状況などを報告する際にも、単に口頭で済ませるのでなく、図やグラフを活用した資料を作成し、できるだけわかりやすく説明します。これにより、上司の方も誤解することなく理解していただくことができます。こうした姿勢で取り組めば、きっと県民に信頼される県庁になると思います。

> 経験年数、1日何時間教えるのか、入試の合格者数など、実績に関する数値を加えたほうがわかりやすくなります。
>
> さらに、「難しい内容を、わかりやすく説明する」というアピールポイントはよいのですが、その活用が結局は県民への説明しかありません（上司については、「資料を作成」などとあり、「わかりやすく説明する」から外れてしまっています）。また、「住民に2時間でも3時間でも説明する」「これが県民に寄り添った対応と信じる」などは違和感があります。前者は1人にそんな時間をかけることは疑問ですし、後者はシートに「信じる」という表現はなじまず、かつ独善的な印象を与えます。さらに、表現にも問題があり「県民の方」「県民の皆様」は県民、「上司の方」も上司で構いません。

COLUMN 3

原稿用紙の使い方

（マス目のない罫線だけのときも
マス目があると思って書くこと！）

> 文字数をカウントする必要があるので、ほとんどの場合はマス目があります

1. 縦書きと横書きを間違えない
　　　基本中の基本！　答案用紙をよく見ること。

2. 段落の冒頭は1マス空ける
　休日はポチと散歩に行こう。

> P.82「原稿用紙の使い方」も見てね！

3. 句読点、括弧、記号も1マス
「休日は、ポチと散歩に行こう！」と決めた。

4. 句読点や閉じ括弧は行頭に用いない

✕　　　　　　　　　　〇

トレーナーが「待て　　トレーナーが「待て」
」とポチに言った。　　とポチに言った。

5. 数字は2つで1マス
東京から大阪まで約500kmあるが、北海道まで
はその2倍の約1000kmある。

6. 訂正の方法を覚える

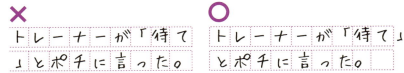

Chapter 3

社会人・経験者採用の論文対策

社会人・経験者採用試験論文の目的と出題パターン

「論文」「作文」「経験小論文」
いずれも試験の目的は同じ

受験者に論文を書かせることによって、受験者の問題意識、論理的思考、表現力などを検証すること

出題内容（テーマ）は３つに分類できる

① 受験者個人に関するもの

② 行政課題を問うもの

③ ①と②の複合問題

※いずれのテーマであっても、社会人や経験者としての認識が問われている

● 論文試験の名称は異なっても、目的は同じ

　社会人・経験者採用試験では、論文が課されるのが一般的です。試験科目の名称は、「論文」、「作文」、「経験小論文」などさまざまですが、内容としては変わりません。この試験の目的は、受験者に論文を書かせることによって、受験者の問題意識、論理的思考、表現力などを検証することにあります。文字数は800字程度から2,000字程度まで、さまざまです。

● 出題内容は3種類

　論文の出題内容（テーマ）は、おおむね、①受験者個人に関するもの、②行政課題を問うもの、③①と②を複合したもの、の3種類に分類できます。以下、その概要について説明します。

　まず、①受験者個人に関するものですが、これは受験者個人の個性、実績、思考などを検証するものです。出題例としては、「これまでの職務経験の中で、あなたが最もやりがいを感じたことについて、エピソードを交えて説明しなさい」、「仕事をすることの意味について、考えを述べよ」、「あなたがアピールしたいことを1つ以上挙げ、それを行政にどのように活かせるか述べよ」、などとなります。

　出題傾向を見ると、最後の出題例のように、受験者の経験などが公務員としてどのように行政に活かせるのか、という視点が多いようです。前の2つのような、単に経験や仕事観を聞くケースは少数のようです。

　②は、一般的に自治体の行政課題を問うものです。出題例としては、「県民が豊かさを実感できる暮らしを実現するために、県はどのようなことを重点的に取り組むべきか述べよ」、「県が抱えるさまざまなインフラや施設を整備し、継続的に安心して使用していくには、行政はどのような取組みを行うべきか述べよ」などがあります。行政課題は少子高齢化などテーマが大きいこともありますが、専門職種などでは細かいテーマが問われることもあります。

　③は①と②を複合したものです。出題例としては、「本県の課題を1つ挙げ、それを解決するために、あなたの経験・実績等をどのように活かしていきたいか述べよ」などがあります。

　いずれの出題パターンであっても、重要なことは「社会人や経験者としての認識が問われていること」です。評論家や一市民の立場ではなく、社会人・経験者としてテーマについてどのように考えるか、という点が重要なのです。このため、そうした視点を取り入れた論文であることが必須です。

論文のポイント

| 公務員試験における論文試験については、新卒、社会人・経験者を問わず、共通するポイントがある

1 論文では、公務員として意思表明することが大事

受験者が評論家的な表現を用いると、採点官としては受験者が自ら取り組んでいこうという意思が感じられない

2 知識は重要でない

知識の有無については、択一試験などで判断できる

3 強い個性は必要ない

行政の現行の施策からは、到底実現不可能な内容を書くことは、公務員採用試験の論文としては不適当

● 受験者はテーマについて意思を表明する

　公務員試験における論文試験については、新卒、社会人・経験者を問わず、共通するポイントがあります。このポイントを理解していないと、いくら一所懸命に書いても的外れであったり、まったく評価の対象にならなかったりするので、注意が必要です。以下、その内容を整理したいと思います。

　第一に、論文では、公務員として意思表明することが大事だということです。例えば、テーマが「少子高齢化社会におけるまちづくりについて、あなたの考えを述べなさい」だったとします。このとき、「市はもっと保育園を整備すべきだ」、「高齢者の生きがいづくりに取り組む必要がある」など、自治体に対して「〜すべき」という評論家的な表現が多いのですが、これは極力避けるべきです。

　表現としては、「私は公務員として、保育園の整備に取り組んでいく」のように、受験者が公務員として主体的に取り組むことを明確にします。なぜなら、この試験はあくまで公務員採用試験であって、研究者や第三者の論文ではないからです。評論家的な表現を用いると、採点官としては受験者が自ら取り組んでいこうという意思が感じられません。他人事のように語っているとしか思えなくなるのです。

● 大量の知識や強い個性は不要

　第二に、知識は重要でないということです。例えば、先のテーマであれば、「日本の合計特殊出生率は、平成28年に1.44となり〜」、「平成27年の国勢調査では日本の高齢化率は26.7％となった」など、論文の中でテーマに関する知識を数多く並べる論文がありますが、「知識が多いこと＝よい論文」ではありません。論文では受験者の考えを知りたいのであって、知識の量を見ているわけではないからです。そもそも、知識の有無については択一試験などで検証することができます。論文試験では、知識の量は重要でなく、それよりも受験者の考えを知りたいのです。

　第三に、強い個性は必要ないということです。これまでも述べてきたように、公務員には公平性・公正性が求められますが、それは論文においても同様です。このため、「定年退職した高齢者がすべて再就職できるよう、自治体は完全なバックアップ体制を構築する」、「私は保育園完全入園システムを構築する」のような、行政の現行の施策からみると、到底、実現不可能な内容を書くことは、公務員採用試験の論文としては不適当です。

論文で書いてはいけないこと

公務員採用試験の論文では書いてはいけないことがある

1 個人が特定される情報

「私は〇〇会社総務課に勤務している春日文生です」

「私は、現在〇〇不動産第一営業部に勤務しているが〜」

個人が特定されてしまうと、採点に影響を与えるため

2 行政批判・自治体批判

論文では、自治体の課題を指摘するため、「〇〇市の取組みは遅れている」のような表現を使ってしまう

● 個人が特定されるものはダメ

　公務員採用試験の論文では、書いてはいけないことがあります。これも、大事な点ですので、以下に整理しておきましょう。

　第一に、個人が特定される情報です。「私は○○会社総務課に勤務している春日文生です」、「私は、現在○○不動産第一営業部に勤務しているが〜」、などです。このケースでは前者ははっきりと名前を論文で書いてしまっているもの、後者については名前は記入しないものの所属先をはっきり書いているものです。これは、いずれの場合も個人が特定できてしまうので、論文の表現としては不適当です。

　一見すると、後者は「個人までは特定できないのでは」と思うかもしれませんが、社名や所属先まで記載されていれば、特定可能となるのでやはり適当ではありません。この場合、「私は不動産会社で営業を担当している」など、勤務先や所属先が特定できないような表現にします。個人が特定されてしまうと、採点に影響を与えるため、記載してはいけません。

● 受験する自治体を批判してしまう

　第二に、行政批判、自治体批判です。これは、「○○市は子育て支援が遅れている」、「防災対策が不足している」などの表現です。「そんな批判を、論文で書くはずがない！」と皆さんは思うかもしれませんが、実は案外書いてしまうのです。

　例えば、「今後、本市は子育て支援にどのように取り組んでいくべきか、あなたの考えを述べてください」という出題だったとします。この場合、受験者は、「待機児童が依然として多く、保育園が不足している」のような文章を書きます。この際「本市の待機児童は、本年4月現在78人となっており、昨年よりも増加している。依然として待機児童は、本市の大きな課題となっており、子育て支援が十分とは言えない」のように、受験者本人は批判したつもりはなくても、批判したような表現になってしまうのです。

　論文では、受験者の意見を書くことがメインになります。このため、「現在の○○市の施策は素晴らしく、問題ありません」では論文にならないのです。どうしても問題点を指摘せざるを得ず、このため批判的な表現になってしまうので、注意が必要なのです。

　ちなみに、こうした場合、「本市は子育て支援に力を入れて成果を挙げてきたが、依然として次のような課題がある」のような表現が適当です。

論文の評価基準

論文の評価基準は、次の3点に集約できる

1 問題意識

論文の内容が公務員として
ふさわしいものか、
また社会人・経験者としての
認識を持っているか

2 論理性

受験者が論文の中で主張する認識・考えを
論理的に説明できているか

3 表現力

先の問題意識や論理性を文章で
表現できているか

● 論文の評価基準は3点に集約できる

　書き上げた論文は、いったいどのような評価基準に基づいて採点されるのかについて説明します。当然のことながら、自治体によって評価基準は異なるのですが、こうした公務員の採用試験における評価基準は、問題意識、論理性、表現力の３つに集約できます。

　この他、判断力、構想力、構成などを評価基準とすることもありますが、これらは先の３点をもう少し細かくしたものとなります。このため、論文の評価基準は、先の３点と考えていただいて結構です。

● 問題意識・論理性・表現力

　まず、問題意識です。これは、論文の内容が公務員としてふさわしいものか、また社会人・経験者としての認識を持っているか、ということです。前者については、公正中立が求められている公務員の論文であるのに、極端に偏った内容になっていないかということです。後者については、新卒とは異なり、社会人・経験者として、テーマに対して深い認識・考えを持っているか、ということになります。

　次に、論理性です。これは、受験者が論文の中で主張する認識・考えを論理的に説明できているか、ということです。論文の中の主張が、単なる受験者の思い付きでなく、理由や根拠を挙げて自分の主張を説明できているか、ということです。

　論理的に説明するとは、先のように理由や根拠を明確にする他、「人間は必ず死ぬ。A氏は人間だ。だから、A氏は必ず死ぬ」のような三段論法などいくつかの方法があります。文章の中で論理的飛躍があったり、矛盾があったりすると、それは「論文ではない」ということになります。

　最後に、表現力ですが、これは先の問題意識や論理性を文章で表現できているかということです。いくら立派な問題意識や論理性を持っていても、それを文章で表現できなければ読み手には通じません。このため、きちんと原稿用紙の中で記述されているかという点が問われます。

　受験者としては、上記3点の評価基準をきちんと理解しておくことが必要です。論文は長文になりますので、どうしてもペンの勢いで論理的でなくなったり、一文が長過ぎてわかりにくかったりするものが結構あります。

　なお、論文の採点は、1つの論文を複数の採点官で評価するのが一般的です。これは、複数で採点することで、採点の客観性を高めるためです。

論文の構成

3章構成か4章構成で書くのが一般的

3章…序章、本論、終章
4章…序章、問題点、解決策、終章

⬇

序章…テーマの重要性について述べる
本論（問題点・解決策）…3点の主張を述べる
終章…再びテーマについて言及する

両者に共通の事項

① 各章の冒頭にはタイトルを付ける
② 序章と終章は簡潔にまとめる

● 論文は3章構成か4章構成が一般的

　公務員採用試験の論文については、3章構成か4章構成で書くのが一般的です。「必ず3章か4章のどちらかにしなければならない！」というルールがあるわけではないのですが、3章か4章で書いたほうが、受験者にとっては書きやすく、また採点官にとっても理解しやすいのです。皆さんも想像していただければおわかりだと思うのですが、長文を章分けせずに書くのは大変難しいですし、読み手にとっても非常に重労働なのです。

　なお、指定された**文字数が1,500字以上であれば4章構成、1,500字未満であれば3章構成**にします。

● 各章の内容

　3章構成の論文は、序章・本章・終章に区分できます。行政課題がテーマであれば、序章では、与えられたテーマが自治体にとって重要な課題であることを説明します。本論では、そのテーマに対して受験者の意見を3点述べます。これは、テーマを3つの視点（例えば、住民への影響、自治体への影響、自治体職員への影響など）で考え、それぞれについて受験者が意見（主張）を述べるのです。最後の終章は、序章と重複しない内容で、再びテーマについて言及するとともに、公務員としての決意表明を述べます。

　次に、**4章構成ですが、序章・問題点・解決策・終章の4つ**に区分できます。序章と終章の内容は、3章構成の論文と同様です。問題点では、テーマに対して問題点を3点指摘し、解決策ではその問題点3点の解決策を提示するのです。これにより、3章構成よりも、より深くテーマについて述べることが可能となります。

　なお、両者に共通の注意点として、以下の点があります。

　第一に、**各章の冒頭にはタイトルを付ける**ことです。各章の冒頭には「1　本市の少子化の状況」、「2　少子化対策の3つの視点」、「3　持続可能な社会に向けて」のようなタイトルを付けます。タイトルがあると、各章の概要が一目でわかります。

　第二に、**序章と終章は簡潔にまとめる**ということです。論文で最も重要なのは受験者の意見ですから、3章構成であれば本論、4章構成であれば問題点・解決策となります。このため、この部分に重点を置いて論文を書くことが必要ですので、序章と終章については簡潔にまとめることとなります。序章・終章よりも意見の部分に力を入れ、論文としての深みを出します。

論文を作るコツは「箇条書き」と「論理性」にある

論文を考える際には、箇条書きで考える

「本市の高齢化対策について」

1　3章構成とした場合、まず各章の概要を決める
序章：「本市にとって、高齢化対策は喫緊の課題である」
本論：「高齢者施設を整備する」
　　　「介護人材など人手の確保を行う」
　　　「高齢化に対する職員の意識を高める」
終章：「私は職員として高齢化対策に全力を尽くす」

2　箇条書きを膨らませて、論理性でつなげる
「本市の高齢者は年々増加している」
↓
「高齢者が増えると社会保障費が増加する」
↓
「社会保障費の増加は、市財政に大きな影響を与える」
↓
「このため、今から将来を見据えて対応することが必要」
↓
「高齢化対策は喫緊の課題である」

➡ これで序章の骨格が完成する

※前後の箇条書きどうしが、論理的につながっていることが重要

● 各章の内容を箇条書きにする

　採用試験の論文の文字数は、一般に1,000字程度、多い場合は2,000字にも及びます。この長い文章を、いきなり書き上げられる人は少ないと思います。そこで本項以降は、できるだけ短時間で論文の書き方を身に付けるためのポイントを整理していきたいと思います。

　まず、覚えてほしいことは「箇条書き」で考えることです。例として、「本市におけるこれからの高齢化対策について」をテーマとして、3章構成の論文を書くと仮定します。まず、各章の内容を箇条書きで並べてみます。

　序章はテーマの重要性を説明するので、簡単に「本市にとって、高齢化対策は喫緊の課題である」とします。簡単すぎると思うかもしれませんが、序章で言いたいことを究極にまとめるとこれだけです。次に本論ですが、3つの視点で自分の意見を述べるので、ここではハード、ソフト、職員意識の3つにしてみます。すると、「高齢者施設を整備する」、「介護人材など人手を確保する」、「高齢化に対する職員の意識を高める」の3つが出てきます。そして、終章は序章と重ならない内容でテーマの重要性や決意表明を述べる部分ですので、「私は職員として高齢化対策に全力を尽くす」とします。

　これで、各章の概要は決定しました。

● 箇条書きを膨らませて、論理性でつなげる

　次に、各章の内容をより細かくしていきます。ここでは序章を例にします。「高齢化対策は喫緊の課題である」ことをもう少し詳しく説明するために、この前提を考えていきましょう。

　例えば、「本市の高齢者は年々増加している」→「高齢者が増えると社会保障費が増加する」→「社会保障費の増加は、市財政に大きな影響を与える」→「このため、今から将来を見据えて対応することが必要」→「高齢化対策は喫緊の課題である」という流れが考えられます。このように、箇条書きだけで、内容を膨らませていくのです。こうすると、論文の骨格が出来上がります。あとは、実際の文章にするため、さらに内容を膨らませていけば文章は完成します（先のような思考は、いわば『風が吹けば桶屋が儲かる』式です）。

　ここで、大事なポイントは箇条書きどうしが論理的につながっていることです。「○○だから、△△となる」、「○○となると、◇◇である」、「□□である、なぜなら××だから」というように、前後が論理的につながっていることが大事です。この前後が上手くつながらない場合は、非論理的な証拠です。

論文の書き方 1

テーマに対する
意見を3つ決める

論文では、自分の意見を3つにまとめる

3つの視点を予め決めておくと、
考える手間が省ける

3つの視点の例

① ハード、ソフト、職員意識

　ハード……施設のインフラなど
　ソフト……金銭、人的側面、各種サービスなど
　職員意識…自治体職員の意識啓発

② 住民視点、自治体視点、経済・財政視点

　住民視点…………住民からの問題点
　自治体視点………自治体からの問題点
　経済・財政視点…財政負担などからの問題点

③ 緊急性による分類

　短期的課題、中期的課題、長期的課題

● 3つの視点は予め固定化しておいたほうが楽

これまで述べてきたように、論文が3章構成でも4章構成でも、本論もしくは解決策の部分で、自分の意見を3点述べます。「なぜ3点なのか？」と疑問を持つかもしれませんが、一般に4つ以上になると聞き手は理解しにくいと言われます。また、ビジネスにおけるプレゼンなどでも「3ポイントルール」として、重要なことを3つにまとめるのが一般的になっているのです。

では、この3点を具体的にどのように定めるかです。この3点は、あくまで論文の視点ですので、単なる受験者の思いつきは避けるべきです。また、論文のテーマを見て、初めて3点を考えるよりは、予め3つの視点を固定化しておいたほうが、受験者にとっても考える手間も省けて楽になります。

● 3つの視点の例

では、3つの視点の例です。

まず、前項でも説明した「ハード、ソフト、職員意識」があります。ハードは施設などのインフラなど、ソフトは補助金や手当などの金銭や人的側面、また各種サービスなど、そして職員意識は自治体職員としての意識啓発などを指します。例えば、子育て支援でも高齢化対策でも行政課題を考える際には、わかりやすい視点になっています。また、ハード・ソフトは住民向けですが、職員は自治体向けなので、明確に視点が異なります。

次に、「住民視点、自治体視点、経済・財政視点」があります。例えば、待機児童対策として、住民からみれば認可保育所の整備が最も重要ですが、自治体の経費負担を考えると低年齢児用の小規模保育園の整備ならば認可保育所よりも低額で済みます。さらに、経済的視点で考えると、施設整備には多大な費用を要しますので認可外保育所やベビーシッター利用者への補助という案も考えられます。

また、緊急性による分類という考え方もできます。これは、与えられたテーマに対して、「短期的に解決するもの」、「中期的に解決するもの」、「長期的に解決するもの」のように、テーマを緊急性によって分類して、視点を整理するものです。防災対策であれば、短期的には備蓄物資の整備、中期的には隣接市との合同防災訓練実施、長期的には防災センターの建設、のように時間軸によって視点を区分するものです。

以上のように、3つの視点にはいろいろな考え方があります。実際に論文を書かなくても、この視点を考えるだけでも論文の学習になります。

論文の書き方 2
意見は必ず論理的に説明する

テーマ
「選挙権年齢引き下げに伴い、
若者の政治参加を促進するためにはどうしたらよいか述べよ」

一般的ルール＋観察事項＝結論のパターン

例1

第一に、小中学校への出前授業や模擬投票の実施である。<u>若者にとって選挙を身近なものと思ってもらうためには、学校での教育が重要である。</u>【一般的ルール】しかしながら、<u>現在、学校の授業などで選挙について学ぶ機会は、それほど多くない。</u>【観察事項】このため、小中学校へ出前授業や模擬投票を実施する。これにより、選挙に慣れ親しむ機会が増え、若者の政治参加の促進が期待できる。【結論】

解決策を実施する理由・根拠を説明するパターン

例2

第二に、期日前投票や投票所の周知である。<u>選挙への関心が高まったとしても、期日前投票の仕組みや投票所の場所がわからなければ、投票を棄権してしまう。</u>【理由1】<u>ある新聞社の調査によると、住民の45％が「期日前投票の仕組みがよくわからない」との結果がある。</u>【理由2】このため、市の広報紙やホームページで、日頃から十分な広報を行う。また、投票所となる学校などではイベントを実施する際に、投票所になっていることを周知する。【解決策】

74

● 一般的ルール＋観察事項＝結論

　3章構成では本論で、4章構成であれば解決策の部分で、自分の意見を述べます。この書き方については、いくつかのパターンがあります。

　左ページの例1は、「選挙権年齢引き下げに伴い、若者の政治参加を促進するためにはどうしたらよいか述べよ」というテーマに対する論文です。3章構成の論文で、3つの意見の1つです。

　この意見の構成としては、まず「第一に、小中学校への出前授業や模擬投票の実施である」と意見全体の概要を示すリード文が先頭にあります。この後、「若者にとって選挙を身近なものと思ってもらうためには、学校での教育が重要である」という一般的なルール（法則）について述べ、次に「しかしながら、現在、学校の授業などで選挙について学ぶ機会は、それほど多くない」という観察事項を記述しています。このルールと観察事項を組み合わせて、「このため、小中学校へ出前授業や模擬投票を実施する」という結論を導き出しています。そして、その実施によって見込まれる効果、「これにより、選挙に慣れ親しむ機会が増え、若者の政治参加の促進が期待できる」と書いています。これは、一般的な意見の書き方です。

　一般的ルール＋観察事項＝結論となるのです。これを演繹法・三段論法とも言います。「人は死ぬ」（一般的ルール）＋「A氏は人間だ」（観察事項）＝「A氏は必ず死ぬ」（結論）のパターンです。

● 意見を実施する理由・根拠を示す

　例2は、同じテーマの2つ目の意見です。ここでは、リード文である意見「第二に、期日前投票や投票所の周知である」を実施する理由・根拠を説明しています。つまり、①選挙への関心が高まったとしても、期日前投票の仕組みや投票所の場所がわからなければ、投票を棄権してしまう、②ある新聞社の調査によると、住民の45%が「期日前投票の仕組みがよくわからない」との結果がある、との理由・根拠から周知が必要だと主張しているわけです。

　そのうえで、③市の広報紙やホームページで、日頃から十分な広報を行う、④投票所となる学校などではイベントを実施する際に、投票所になっていることを周知する、という具体的な方法を提示しているのです。

　リード文の「期日前投票や投票所の周知」が解決策の概要とすれば、③と④は具体的な解決策の内容となります。このように、解決策が具体的であれば、より採点官を納得させることができます。

論文の書き方 3

序章と終章はパターン化する

序章（今後予想される事態パターン）

例1

テーマ ▶ 「本市におけるこれからの高齢化対策について」

平成30年4月現在、本市の高齢者は43,000人を超えており、今後も増加が見込まれている。高齢者の増加は、社会保障費の増加に直結し、今後の市財政に大きな影響を与える。このため、今から将来を見据えて対応することが必要である。まさに、高齢化対策は喫緊の課題である。

序章（テーマの背景を述べるパターン）

例2

テーマ ▶ 「選挙権年齢引き下げに伴い、若者の政治参加を促進するためにはどうしたらよいか述べよ」

平成27年の公職選挙法の改正により、18歳以上の若者に選挙権が付与された。この背景には、高齢化する日本の政策は高齢者向けに偏っているという指摘や、若者の投票率が低いなどの課題がある。このため、広く若者の意見を政治に反映させることが重要である。行政には、若者が政治に興味を持ち、投票に行くための環境づくりが求められる。

終章

例3

テーマ ▶ 「選挙権年齢引き下げに伴い、若者の政治参加を促進するためにはどうしたらよいか述べよ」

行政は住民の意見を反映して運営されるものであり、選挙はその最も基本的なものである。投票率の低下は、民主主義のあり方そのものに関わる重要な問題であり、若者の政治参加は行政の重要な課題である。私は公務員として、全力で若者の政治参加に取り組んでいきたい。

● 序章の書き方

　３章構成でも４章構成でも、序章と終章の内容は変わりません。この書き方については、パターン化できます。

　まず序章ですが、序章の目的は与えられたテーマが、行政にとって喫緊の課題であることを説明することにあります。そのためには、**①今後予想される事態を書く、②テーマの背景を述べる、**などのパターンがあります。先の「論文を作るコツは『箇条書き』と『論理性』にある」は①の例ですが、これを実際の文章にした場合、例１のようになります。また、②については例２のようになります。

　なお、これらはいずれもテーマが行政課題のパターンですが、「これまでの経験を公務員としてどのように活かせるか述べよ」のような**受験者個人に関する問題の場合は、受験する自治体や公務員の状況などを説明する方法があります**（具体的には、後の合格論文例を参照してください）。

● 終章の書き方

　次に、終章の書き方です。終章の目的は、序章と重ならない内容でテーマの重要性について再度言及するとともに、公務員としての決意表明を書くことにあります。

　例３は、例２と同じ「選挙権年齢引き下げに伴い、若者の政治参加を促進するためにはどうしたらよいか述べよ」のテーマで書かれた終章です。注目してほしいのは、例２（序章）と同じ内容を書かずにテーマの重要性を説明していることです。例２では、テーマの背景である公職選挙法の改正という法制面を視点にいるのに対し、例３（終章）では、民主主義という政治的な側面からテーマの重要性について述べています。このように**同じテーマの重要性を説明するのであっても、序章と終章では内容を変える必要があります**。

　実は、多くの論文を採点していると、序章と終章がほとんど同じ内容であることが非常に多いので注意してください。同じ内容では、採点官としては高評価の論文にしにくいのです。また、終章の最後には、例３にもあるように**公務員としての決意表明を述べます。これは、最後に一行を加える程度で十分です。**長々と書く必要はありません。

　なお、行政課題でない、受験者個人に関する問題の場合は、序章と同じように、やはり受験する自治体や公務員の状況などを説明したうえで、決意表明を書きます（こちらも、後の合格論文例を参照してください）。

論文の書き方 4

「〜と思う」は使わず「〜だ」と断定する

論文

1. **大学の卒論、研究者論文**
   テーマに対して第三者的な立場から記述

2. **公務員試験の論文**
   公務員として行うことを記述
   論文は、公務員になるにあたっての誓約書

公務員試験で用いる表現

- 「〜と思われる」、「〜と考えられる」などの婉曲的・推測的な表現を避け、「〜だ」、「〜である」と断定

- 「〜すべきだ」、「〜が求められている」などの第三者的な表現を用いず、公務員として「〜を行う」、「〜に取り組んでいく」など主体的な表現

● 評論家、研究者にならない

先の「論文のポイント」で「論文では、公務員として意思表明することが大事」と説明しました。これ関連して、論文の表現で注意してほしいことがあります。それは、論文を書くにあたって「評論家にならない」、「研究者にならない」ということです。

論文というと、大学生の卒業論文、研究者が学会で発表する論文、などを想像する人がいます。こうした論文は、書き手（大学生、研究者）はテーマに対して第三者的な立場から記述します。このため、表現が「〜と考えられる」、「〜と思われる」、「〜すべきだ」、など、テーマから一歩引いた推測的な表現や、第三者的な表現となります。

しかし、公務員試験では受験者の評論や第三者的な意見を聞きたいわけではないのです。例えば、出題テーマが「あなたの経験は公務員としてどのように活かせるのか」など受験者個人に関するものであれば、「公務員になって何をしてくれるのか」を知りたいわけです。行政課題でも同様です。「今後の人口減少対策について」であれば、人口減少という行政課題に対して、「受験者はどのように考え、何をしてくれるのか」を知りたいのです。

このため、受験者は公務員になったつもりで表現します。具体的には、論文では「〜と思われる」、「〜と考えられる」などの婉曲的・推測的な表現を避け、「〜だ」、「〜である」と断定します。また、「〜すべきだ」、「〜が求められている」などの第三者的な表現を用いず、公務員として「〜を行う」、「〜に取り組んでいく」など主体的な表現を用います。

● 論文は公務員としての誓約書

試験当日に与えられたテーマを評論、評価、議論するのでなく、「公務員として行うことを書きます。つまり、公務員試験における論文は、公務員になるにあたっての誓約書と考えるとわかりやすいかもしれません。

例えば、テーマが「少子高齢化対策」であれば、受験者が自治体の少子高齢化対策の担当者になったつもりで、どのような事業を実施していくのかを述べるのです。これが、論文で最も重要な受験者の意見に該当します。

ただし、首長にでもなったつもりで、「あれも、これもやります」、「これで問題は解決します」のような、大風呂敷を広げることがないよう注意してください。出題される行政課題は、長年自治体が抱えている大きな課題ですから、一朝一夕に解決できるものではないのです。

論文の書き方 5

表現は簡潔明瞭にする

実際の論文には、意味不明な文章、主語と述語がつながらない表現など、論文以前に日本語として問題あるものが非常に多い

表現は簡潔明瞭にする

1 一文は短文にする
無理に文章をつなげると、一文が長文になり意味不明になる。

2 修飾語は必要最小限にする
修飾語が多すぎて、文章の意味がわかりにくくなってしまう。

表現を簡潔明瞭にするためには、「箇条書き」思考が有効

● 一文は短文に

　論文の書き方の最後は、「表現は簡潔明瞭にする」です。毎年、多くの論文を見ている立場からすると、**意味不明な文章、主語と述語がつながらない表現など、論文以前に日本語として問題あるものが非常に多い**、というのが本音です。そこで、次の点に注意してください。

　まずは、一文は短文にすることです。論文そのものが非常に長い文章になりますが、その中の一文自体が非常に長いものがあります。例えば、1行20字の原稿用紙で3行以上にわたる文書です。これは非常に読みにくいのです。このため、**一文は短文にすることを心掛けてください**。

　一文が長文になってしまうのは、無理につなげるからです。「○○は△△との指摘もあるが、一方で□□との評価もあり、結局のところ、◆◆と考えられる」のようなものです。これは、先に示した研究者のような論文の表現になっています。採点官は、受験者が公務員として何をしてくれるのかを知りたいのですから、このような小難しい文章は求めていないのです。「論文は難しいことを書かねばならない」との誤った認識を持つ受験者がいます。こうした受験者は、あえて文章を難しくして、採点官を困らせるのです。

● 修飾語は必要最小限に

　次に、**修飾語は必要最小限にする**ことです。「リーマンショック以降の大きな景気低迷に伴う経済危機と、それにより発生した世界恐慌によるデフレの進行は市財政に大きな影響を与え〜」のような文章です。市財政への影響について、①リーマンショック以降の、②大きな景気低迷に伴う、③それにより発生した、④世界恐慌による、⑤デフレの、など修飾語を並べすぎです（もともと、例文は悪文として掲載していますので、意味不明の文章になっていますが）。

　これでは、採点官には理解できません。簡潔に、「リーマンショック以降の経済危機は、市財政には大きな影響を与えた」で十分です。先のダラダラと長い文章は、一見すると「難しいことを書いて」いるように見えますが、実際のところ意味不明なだけです。先と同様に、小難しいことを書こうと変な修飾語を付けず、必要最小限にしてください。

　表現を簡潔明瞭にするためには、70ページで示した「箇条書き」思考が有効です。箇条書きではダラダラ長く書けませんので、不必要な文言はそぎ落とされるのです。箇条書きで考えて、実際の文章にするときに、必要最小限の修飾語を付け加えれば、一文は短文になります。

原稿用紙の使い方

原稿用紙の使い方を間違えても
減点の対象になるので、
予め使い方を身に付けておくことが大事。

以下の点に注意する。

① 横書きと縦書きを間違えない。

② 句読点、括弧、記号などは1字として数え、原稿用紙の1マスを用いる。

③ 句読点や閉じ括弧は、行頭に用いない。

④ 段落の冒頭は1マス空ける。

⑤ 数字は2つで1マスに入れる。

⑥ 訂正の方法も注意する。

● 句読点の書き方などに注意する

　本項からは、論文を書くにあたって注意すべきポイントにについて整理していきますます。まず、原稿用紙の使い方ですが、案外、間違ったまま使っていることがありますので、再度確認してください。

　第一に、**横書きと縦書き**です。冗談だと思われるかもしれませんが、横書きと縦書きを間違えて書く受験者がいます。当然のことながら、横書き・縦書きは指定されていますので、指定された方法で記入してください。

　第二に、**句読点（。や、）、括弧（「」＜＞）、記号などは１字として数え、原稿用紙の１マスを用います。**「」については、他の文字と一緒に記入している答案を見かけますが、原則は１マスを用います。

　第三に、**句読点や閉じ括弧（」や）など）は行頭には用いません。**前の行の最後のマスに、他の字と一緒に記入するか、行外に書きます。

● 改行、訂正の方法にも注意

　第四に、**段落の冒頭は１マス空けます。**改行して新たな段落を書きだす場合には、行の最初の１マスは空欄にします。

　第五に、**数字は２つで１マスに入れます。**2019年であれば「20」「19」「年」がそれぞれ１マスに入ります。2019をすべて１マスで書かないように、注意してください。

　第六に、**訂正の方法**です。論文を書き上げた後で、文章の修正が必要な場合があります。マス目が不足しているときには、∧や∨を使って、修正します。採点官にわかるように、はっきりと記述します。なお、修正は最小限にすべきで、欄外に大幅な修正をすることは避けるべきです。

　原稿用紙の使い方を間違えても、減点の対象になります。単に原稿用紙の使い方を間違えただけで減点されるのは、非常にもったいないことです。最低限、原稿用紙の使い方は試験前に確認しておきましょう。

　なお、１点注意してほしいことがあります。それは、試験直前には、必ず手書きで論文を書いて、原稿用紙の使い方を確認するということです。実は、ワープロ機能の禁則処理にはいくつかの方法があり、これまで説明した原稿用紙の使い方と必ずしも同じでない場合があるのです。このため、パソコンだけで論文の練習をしていると、きちんと原稿用紙の使い方が身に付かないおそれがありますので、注意してください。

字は丁寧に書く

採点官が読めなくては、論文を採点できない

必ず字は丁寧に書く
（上手な字である必要はない）

読めない字、殴り書きはダメ

注意点

① 必ず手書きで練習する
・現在、ペンで長時間文字を書く経験がなく、書けない人が多い
・実際にどのくらいの時間で論文を書き上げられるかを検証する

② クセ字や文字の濃さに注意する
・クセ字は自分では気が付かないので、論文を書いたら他人に読んでもらう
・書き上げた論文はコピーされて、複数の採点官が採点するので、文字が薄いと読めない

● 読めない字では、採点できない

　論文を書く際、字は丁寧に書いてください。「上手な字」ではなく、「丁寧な字」です。**文字の上手・下手は関係ありませんが、採点官が読めない文字では困ります。**

　受験者は、試験当日は非常に緊張し、焦っていることは十分わかります。しかし、採点官が「読めない」、「解読できない」文字では、採点できません。採点官が読める文字となるよう、気を配ってください。殴り書きや、乱暴な文字では、そもそも採点官は、受験者の姿勢に疑問を持ってしまいます。

● 必ず手書きで練習する

　次の、2点に注意してください。

　第一に、**必ず手書きで練習してください。**論文の勉強を始めた頃は、おそらくパソコンで文書を作成すると思うのですが、試験直前には必ず手書きで練習してください。

　現在、長時間ペンやえんぴつを持って文字を書くという機会がありません。このため、パソコンだけで論文の勉強をして、試験当日にいきなりペンを持って原稿用紙に文字を書こうと思っても書けないのです。「長い時間、ペンで文字を書き続ける」力がないのです。また、試験当日にペンで論文を書き上げるのに、実際にどれだけ時間がかかるのかも、併せて検証してください。

　第二に、**クセ字や文字の濃さに注意してください。**日本語の「ヘ」が「一」に見えたり、「て」が「7」に見えたりする答案が、実際にあります。クセ字は本人は案外気が付かないものです。社会人や経験者の皆さんですから、それほどひどいクセ字はないと思いますが、念のため、論文を書き上げたら、他人に一読してもらったほうがよいと思います。

　また、文字が薄い答案は非常に困ります。通常、論文は複数の人間が採点しますので、答案用紙をコピーします。このため、文字が薄いと、コピーしたものが読めないのです。

　できれば、「採点官に読んでいただく」つもりで論文を書いてほしい、というのが採点官の偽らざる本音です。受験者にとっては、自分の論文を書き上げることで頭がいっぱいだと思うのですが、そうした論文を何十本、場合によっては100を超える数を採点する立場からすると、丁寧な字は切なるお願いなのです。

時間配分に注意する

時間配分は予め明確にしておく

1. 論文の構成を考える（○分）
2. 論文を書く（○分）
3. 論文を見直す（○分）

- 論文の構成だけに時間をかけていると、論文を書く時間がなくなってしまう

- 構成が十分でなくても、時間が来たら書き始める

- 最後に必ず見直す
  （誤字脱字を修正し、減点を防ぐ）

● 構成を考え、実際に書き、そして見直す

　試験当日は、時間配分に注意することも大事です。試験時間は限られていますから、できれば①論文の構成を考える（○分）、②論文を書く（○分）、③論文を見直す（○分）と、時間配分を明確にしておいたほうが無難です。先に説明したように、論文を実際に手書きした場合、どの程度時間を要するのか、事前に把握しておくことが大事です。

　試験当日は、初めて問題を見ますので、いきなり原稿用紙に論文を書き始めることはできません。これまで説明してきた「箇条書き」思考で、大まかな論文の構成を考えたうえで、実際に論文を書き始めることとなります。その際、構成ばかりに時間をとられてしまい、実際に書く時間がなく、途中で終わってしまったのでは困ります。

● 時間が来たら、構成がまとまっていなくても書き出す

　予め設定した構成の時間が過ぎたら、仮に十分に構成ができていなくても、論文を書き始めることも必要です。論文では、どんなに立派な内容であっても、原稿用紙に表現されていなければ採点できません。このため、時間によっては構成に見切りをつけ、書き出すのです。

　こうした場合、書きながら新たなことを思いついたり、方向性が変わったりすることもあります。ただ、それは書きながら考えていくしかありません。いずれにしても、論文の構成を考えることだけにとられて、時間をロスしてしまうのは避けましょう。

　また、これまで説明してきたように、序章や終章については、予めパターン化しておくと、考える手間も省け節約につながります。この点からも、序章や終章のパターン化はとても大事なのです。

　なお、書き上げた論文は必ず見直すようにしてください。誤字脱字がある、字が読めない、論理的に飛躍があるなど、書いているときには気が付かなった減点対象が必ず見つかるからです。特に、注意してほしいのは、多用する用語の間違いです。

　ある論文で、「人口減少」が「人口減小」と誤字のまま繰り返されたものがありました。このように、キーワードが誤字だと、何回も答案に出てきますので、大きな減点につながってしまうのです。やはり、1回でも見直しておけば、こうしたミスは避けられます。答案は必ず見直してください。

必ずテーマに答える

テーマに答えていない論文が多い

1 もともとテーマを無視している論文

2 テーマに答えているつもりが、ずれてしまう論文

試験当日のテーマに直接答えられないときの対処法

1 「箇条書き」思考で考える

「少子高齢化」
　↓
「高齢者が増える」
　↓
「認知症や寝たきりが増える」
　↓
「認知症予防や介護予防の取組みを行う」

2 自分が答えられる内容に当日のテーマを結びつける

当日のテーマから、自分の答えられる内容へ結びつける

● テーマに答えていない論文

　当然のことながら、論文は与えられたテーマについて答えることが必要です。しかし、実際にはテーマに答えていない受験者が結構います。これには、大きく2つのパターンがあり、1つは当日出されたテーマをわざと無視して、自分が準備してきた論文を書くものです。こうした受験者は極めて少数ですが、テーマに答えていないので、もちろん合格レベルには到達しません。

　もう1つは、受験者はテーマに答えているつもりなのですが、実際にはテーマからずれてしまっている論文です。例えば、「少子高齢化社会のまちづくり」がテーマの場合、「少子高齢化に伴い、生産年齢人口が減少する。このため、これまでの生産力を維持するためには、①外国人の受け入れ、②女性活躍の場の確保、③AIの活用が重要である」などの論文です。

　これは、「少子高齢化社会のまちづくり」ではなく「生産力維持のための取組み」です。つまり、論文を書き進めるにつれて、テーマである「少子高齢化社会のまちづくり」が忘れられてしまい、いつの間にか「生産力維持のための取組み」にテーマがすり替わってしまったのです。こうした場合もやはり「テーマに答えた論文とは言えない」と判断しますので、低評価になります。

● 試験当日のテーマに直接答えられないときの対処法

　受験者からすると、「試験当日に与えられたテーマについては、よくわからない。でも何とかしなくては」と思うことがきっとあるはずです。この場合の対処法について、まとめてみたいと思います。

　第一に、これまで述べてきた「箇条書き」思考で対応することです。「少子高齢化」→「高齢者が増える」→「認知症や寝たきりが増える」→「認知症予防や介護予防の取組みを行う」などのように、テーマを分解して、自分の意見を見つけていくのです。

　第二に、自分が答えられる内容に当日のテーマを結びつけることです。例えば、「地域の協働」については十分知っているものの、「少子高齢化」については詳しく知らないとします。このような場合、「少子高齢化の進行」→「核家族化により、少ない子どもたちがさらに孤立する」→「地域の協働が重要」、また「少子高齢化の進行」→「高齢者が多い」→「多くの高齢者が生き生きと暮らせる地域社会が必要」→「地域の協働が重要」、のようにするのです。こうすると、「少子高齢化社会のまちづくり」には「地域の協働が重要」という論理で、論文を書き進められます。

論文試験の課題例

青森県（令和3年度）

あなたが考える「暮らしやすい青森県」とはどのようなものか。その実現に向けた課題を挙げ、今後どのような取組みを行っていくべきか、述べなさい。（60分・800字）

岩手県（令和2年度）

〔一般行政B〕【論文】本県は、東日本大震災の被災地として、日本そして世界の防災力の向上に貢献できるよう、これまで国内外からいただいた多くの復興支援に対する感謝を示すとともに、東日本大震災津波の事実を踏まえた教訓を伝承し、復旧・復興の取組みや防災・減災の最先端地域としての三陸の姿を広く国内外に発信していくことが求められています。そこで、復旧・復興の取組みや、防災・減災の最先端地域としてどのような取組みが必要か、具体的な課題を1つ挙げ、その解決策についてあなたの考えを論じなさい。

秋田県（令和3年度）

〔行政C〕あなたがこれまで培ってきた職務経験の中で最もアピールできるものは何ですか。また、それを、どのように秋田県のために活かしますか。「求める人材像」を踏まえ、具体例を挙げて述べなさい。（60分・800字）

【行政Cの求める人材像】

① 民間企業等における職務経験年数が5年以上の者

多様化するニーズに応えられる、企業などで培った経験や専門的な知識・能力、民間のノウハウを有する人

② 国家公務員または地方公務員の職務年数が5年以上の者

公務員として培った経験等を活かし、即戦力となる人

茨城県（令和2年度）

社会経済がグローバル化してきたなか、茨城県が発展していくために取り組むべき施策について、あなたの考えを述べなさい。

栃木県（令和3年度）

自己アピール論文として、社会人経験により培われた知識や能力について。（90分・1,100字程度）

群馬県（令和3年度）

群馬県では、新・総合計画において、多様な県民、企業、研究機関、NPO等が集まり、課題解決のアイデアやイノベーションをともに創り出し実行する「官民共創コミュニティ」の育成をめざしている。あなたのこれまでの職務経験を踏まえ、「官民共創コミュニティ」を育成するために必要な施策は何か、理由も含めて述べよ。（90分・1,200字）

埼玉県（令和3年度）

【論文試験II（二次試験）】新型コロナウイルス感染症により、いま、私たちの社会は、さまざまな困難に直面しています。この危機を乗り越え埼玉県が持続的に発展、成

長していくためには、社会の新たな変化に対応して、課題を解決していく必要があります。そこで、重要と考える課題を一つ挙げ、その解決のためにどのような取組みを行うべきか、あなたの考えを900字以上で述べなさい。

神奈川県（令和3年度）

あなたがこれまで担当した（あるいは、現在担当している）職務の中で、あなたが自発的にチャレンジし、組織から専門性を評価された実績を挙げ、今後神奈川県職員として、その経験をどのように生かすことができるか述べなさい。

山梨県（令和3年度）

あなたがこれまでの職務経験等で成果を上げた事例を挙げ、今後、山梨県職員として、その経験を業務にどのように活かしていきたいのか、本県の現状や課題を踏まえながら、あなたの考えを述べなさい。

長野県（令和3年度）

〔就職氷河期世代〕あなたがこれまで最も力を入れて取り組んできたこと（学生時代のことを除く）を具体的に述べ、そこから何を得たか述べなさい。また、あなたの経験を生かして、長野県職員としてどのような業務に挑戦してみたいか具体的に述べなさい。（時間不明・900字）

〔社会人経験者を対象とする選考（第一回）〕社会環境が急激に変化しているが、こうした変化を好機ととらえ、長野県をより魅力ある県としていく必要があります。あなたが着目する社会環境の変化を挙げて、その変化を活かしてどのように魅力ある長野県としていくか具体的な取組を提案してください。（時間不明・1,200字）

〔社会人経験者を対象とする選考（第二回）〕※考査日ごとに論文課題を変更。

① 自身が考える「長野県の課題」を一つ挙げ、その課題を解決するためにあなたが受験している職種の県職員としてどのように取り組んでいきたいか、あなたの考えを述べなさい。（時間不明・1,200字）

② 自身が考える「理想の県職員像」を述べたうえで、あなたが受験している職種の県職員としてその実現に向けてどのように行動していきたいか、あなたの考えを述べなさい。（時間不明・1,200字）

新潟県（令和2年度）

〔一般行政（ICT、財務）を除く全職種〕本県を取り巻く社会経済状況が近年大きく変化している中、あなたが考える新潟県の持っている特性や課題を挙げ、それに対して県としてどのような取組みをしていくべきか、述べてください。なお、あなたの民間企業等での経験をどのように活用することができるかという点にも触れながら記述してください。（800字）

三重県（令和2年度）

上司や同僚とともに組織の一員として仕事を進めるうえで、大切だと考えることについて、あなたの考えを書いてください。（600字）

福井県（令和2年度）

① 県外在住のあなたから見て、本県の強みは何かについて具体的に述べたうえで、その強みを活かして本県が今後特に取り組むべきと考える施策について具体的に一

つ挙げるとともに、その理由を述べなさい。
②　①で述べた施策を実現するために、あなたは、これまでの職務経験を活かしてどのように取り組んでいきたいか述べなさい。

滋賀県（令和2年度）

昨今、新型コロナウイルス感染症の拡大やテレワークの普及等により、社会の在り方が「都市集中型」から「地方分散型」への転換期を迎えていると言われています。これを機に、滋賀県で地方創生を図るに当たり、県はどのような取組みを行うべきか、滋賀県の特性を明確にしたうえで、あなたの考えを述べてください。

大阪府（令和2年度）

1990年以降、日本に在留する外国人数は大幅に増加し、令和元年末には過去最高の293万人に達した。日本の全人口に占める外国人人口の割合は2.1％に高まり、その国籍も多様化している。平成31年の出入国管理及び難民認定法の改正による新たな在留資格の創設を踏まえ、今後、外国人との共生社会の実現に向けたさらなる環境の整備が求められている。そこで、次の①から③の問いに答えなさい。
①　在留外国人が増加する背景や要因について述べなさい。
②　外国人との共生生活の実現にむけた課題について、幅広い観点から述べなさい。
③　②で挙げた課題の解決に必要な取組みについてあなたの考えを具体的に述べなさい。

岡山県（令和2年度）

働き方改革関連法案が2019年4月から施行され、「長時間労働の是正」、「正規・非正規の非合理な処遇差の解消」、「多様な働き方の実現」が進められている。これは、人口減少社会における労働不足の解消に向け、働き手を増やすとともに、生産性を向上させるための施策であり、従前の働き方の見直しが不可欠である。働き方改革を実現するうえでの課題や取組効果などを、あなたの経験等を踏まえて論じなさい。

山口県（令和2年度）

人口減少の進行が地域社会へ及ぼす影響、その課題を克服するために必要な取組みについて

徳島県（令和2年度）

新型コロナウイルス感染症によって、一部の人たちによる心ない言動（感染者の個人情報を探索・拡散したり、あるいは、阻害するような言動）が問題になっている。少子高齢化が進んでいる本県では、「人に優しい」社会を目指していくべきであると考えた場合、徳島県として、行政はどのような距離感でこのような行為に対峙し、対策をとるべきか。これまでの経験を踏まえたうえであなたの考えを具体的に述べなさい。

香川県（令和3年度）

香川県では、新たな香川づくりの指針となる次期総合計画「みんなでつくるせとうち田園都市・香川」実現計画（仮称）の素案において、「安全と安心を築く香川」、「新しい流れをつくる香川」、「誰もが輝く香川」を3つの基本方針として掲げている。これら3つの基本方針の中から、あなたが考える香川県の課題を具体的に1つ挙げ、その課題の解決に向けて、あなたがこれまでの職務の中で培った経験・知識・能力

を活かして、香川県職員としてどのように貢献できるか述べなさい。

愛媛県（令和3年度）

「アフターコロナにおける地域活性化に向けた取組みについて」

（課題の趣旨）

　本県では、新型コロナウイルスの感染が拡大する中、県民の命と生活を守るため、「チーム愛媛」の強い力を発揮し、感染拡大防止への対応はもとより、事業者の事業継続や雇用維持への支援に取り組むとともに、県内観光の促進、県内事業者が取り組むデジタルシフトへの支援、テレワーカーやワーケーション誘致の推進など、本県にとって有効と考える独自の事業を実施してきました。そこで、アフターコロナを見据えつつ、本県の地域活性化を図るために課題と考えられる点を挙げ、その解決に向けて県としてどう取り組むべきか、あなたの考えを述べなさい。（90分・文字数不明）

福岡県（令和2年度）

〔二次試験〕経済産業省が発表した2019年の家計消費支出に占めるキャッシュレス決済の比率は、過去最高の26.8％となったが、海外諸国と比較するとまだ低い状況にあります。キャッシュレス化のメリット、デメリットを挙げたうえで、あなたが普及を推進する立場にあると仮定し、なぜ普及させるべきなのか、また行政が普及のために行う取組として、どのような取組みが考えられるか、あなたの考えを述べなさい。

佐賀県（令和3年度）

〔UJIターン枠〕新型コロナウイルス感染症の感染拡大により私たちの暮らしは大きく変わりました。「ウィズコロナ」、「アフターコロナ」に対応するために、佐賀県が取り組むべき施策ついて、あなたの考えを述べなさい。（1,000字以内）

熊本県（令和2年度）

　今後の熊本県政を進めるうえで重要と考える課題を挙げ、その課題を解決するために、あなたが職務経験で得た知識や能力をどのように生かせるか。

宮崎県（令和2年度）

　少子化の進展は、わが国の社会経済全体に多大な影響を及ぼす社会的課題となっている。そこで、あなたの考える少子化による課題を挙げたうえで、宮崎県が取り組むべき方策について、あなたの考えを述べなさい。

さいたま市（令和2年度）

　さいたま市では、「自ら主体的に学ぶ姿勢」、「職員相互に育て合うこと」、「さいたま市への想い」を人材育成の基本としています。後輩職員等の人材育成を考えたとき、仕事を進めていくうえで重要なことは何か、あなたの経験を交えて述べなさい。

千葉市（令和2年度）

　千葉市では、この民間企業等職務経験者を対象とした試験により、既存職員とは異なる発想で、前例にとらわれない広い視野を持ち、それを実践できる行動力のあるひとを求めています。あなたのこれまでの職務経験で、前例にとらわれない視点により行動し、成果を上げた、又は達成した事例を挙げ、その経験から得たことを千葉市政へどう活かせるか述べなさい。

特別区（令和4年度）
2題中1題を選択
① シティプロモーションについて
② 複雑化・多様化する区民ニーズへの対応について

横浜市（令和2年度）
〔デジタル区分以外〕横浜市では、生産年齢人口の減少が続き、財政需要の増大と税収減少が中長期的に見込まれています。この課題に対し、行政としてどのような取組みが必要か、また、これまでのあなたの経験をどのように生かすことができるか、述べなさい。

川崎市（令和2年度）
　川崎市では、誰もが個人としての自立と尊厳を保ちながら、住み慣れた地域や自らが望む場で、安心してすこやかに生き生きと暮らせるまちづくりを進めています。このまちづくりを推進するうえで、活用できるあなたの職務経験を、具体的な事例を挙げたうえで、事実に即して述べるとともに、その職務経験を活かし、あなたがどのように川崎市に貢献できるのかを、併せて述べてください。

新潟市（令和3年度）
〔就職氷河期世代〕公務員として働くうえで、あなたが重要と考えることは何か、考えを述べなさい。（60分・1,200字）
〔民間企業等職務経験者・一般行政〕これまでの職務経験の中で、最も力を入れて取り組んだことと、その経験を市の職員としてどのように活かしたいか、あなたの考えを述べなさい。（60分・1,200字）
〔民間企業等職務経験者・電気（水道）〈6月実施〉〕水道事業はどうあるべきか、あなたの考えを述べなさい。（60分・1,200字）
〔民間企業等職務経験者・電気（水道）・機械〈10月実施〉〕これまでの職務経験の中で培った能力と、それを市の業務にどのように活かしたいか、あなたの考えを述べなさい。（60分・1,200字）

静岡市（令和3年度）
〔民間企業等職務経験者・土木、建築〕受験職種に関わるこれまでの職務経験の中で、あなたが身に付けた専門的な知識や能力がどのようなものかを述べたうえで、それを日々の仕事においてどのような過程で身に付け、研鑽を続けているのか、具体的に述べなさい。また、その知識や能力を、静岡市の技術職員として、どのような業務に有効に活かすことができるか、具体的に述べなさい。（90分・1,200字）

名古屋市（令和3年度）
　国がデジタル庁の設置を予定しているように、本市においても、デジタル技術を活用した事業展開が求められている。そこで、あなたのこれまでの職務経験から、今後、本市はどのようなことに取り組むべきか。課題やその解決策等にも触れながら、具体的に述べてください。

京都市（令和3年度）
〔民間企業等職務経験者〕過去7年間の職務経験の中で、あなたが組織の中心となっ

て業務を改革した経験を挙げ、そこでどのような役割を果たしたのか具体的に述べてください。（40分・600字）

〔民間企業等職務経験者〈ICT・デジタル枠〉〕過去７年間の職務経験のうち、技術的に最も困難と感じた職務内容とその理由、また、それをどのようにして乗り越えたかを、それぞれ具体的に述べなさい。（40分・600字）

大阪市（令和３年度）

〔社会人経験者・社会福祉〕

① ソーシャルワーク実践におけるネットワークの定義および機能について述べなさい。

② 支援対象者の解決力の向上のために、支援者が果たすべき役割について述べなさい。（60分・文字数不明）

堺市（令和２年度）

近年、気候変動の影響により大雨の頻度が増加しており、今後も、地球温暖化の進行に伴い、台風など熱帯低気圧の強さが増す可能性が指摘されている。そのような中、避難所等における新型コロナウイルス感染症への対応を含め、風水害の対策に関してどのように取り組むべきか、あなたのこれまでの経験等を踏まえ自身の考えを800字程度で述べなさい。

神戸市（令和２年度）

「新型コロナウイルス感染症の影響下における生活意識・行動の変化に関する調査」（内閣府）によると、テレワークの経験者のおよそ４人に１人が地方移住への関心を高めていることが分かりました。また、東京都23区に住む20歳代についても、地方移住への関心は高くなっています（約35％）。東京一極集中が進行する中、若年層を中心に神戸への移住を推進するために、神戸市として、今後どのような取組みに注力していくべきか、具体策について提案してください。

広島市（令和２年度）

わが国において加速度的に進む高齢化に関して、「2025年問題」が取り上げられているが、こうした課題の背景を考察したうえで、行政としてどのように取り組んでいくべきか、あなたの意見を述べよ。

福岡市（令和２年度）

福岡市の人口は、平成25年に150万人を超えてからも増加が続き、令和２年５月１日現在の推計人口が160万人を超えました。人口の急激な増加の要因と課題を挙げ、今後本市がどのように取り組むべきか、あなたの考えを述べなさい。

熊本市（令和３年度）

〔社会人経験者等〕本市では、職員が備えるべき行動姿勢として、市民志向、改革志向、自立志向、チーム志向を掲げている。社会人経験の中でこれらに生かせる出来事、共有できる経験を述べ、そこから学んだこと、本市での仕事に生かせることを1,200字以内で述べなさい。（90分・1,200字）

〔就職氷河期世代対象〕本市が抱える課題を１つあげ、それについてあなたはどのように解決していったらよいと考えているか、800字以内で述べなさい。（60分・800字）

合格論文例 01
これまでの経験を公務員としてどのように活かせるのか述べよ (1,200字)

ここがポイント！

1 公文書管理問題
近年、国において行政文書の改ざん、廃棄、隠ぺいなどが発覚し、大きな社会問題となりました。公文書管理法34条では、自治体の文書管理について「地方公共団体は、この法律の趣旨にのっとり、その保有する文書の適正な管理に関して必要な施策を策定し、及びこれを実施するよう努めなければならない」と規定しています。

2 住民福祉の向上
地方自治法1条の2には、「地方公共団体は、住民の福祉の増進を図ることを基本として、地域における行政を自主的かつ総合的に実施する役割を広く担うものとする」と規定されています。

3 稟議
官公庁や会社などで、会議を開くほどではない事案が発生したとき、担当者が案を作成し、関係者に回して承認を求めること。

---

1 公務員に対する厳しい視線

　昨今、市民の公務員に対する視線は非常に厳しい。昨年は文書改ざんに見られる公文書管理問題が大きく注目を浴びた。また、セクハラ、公金横領、飲酒運転など、連日、公務員の不祥事が報道されている。

　しかし、こうした厳しい批判は、世間の公務員に対する期待への証ともいえる。住民に信頼される行政が実現されなければ、住民福祉の向上は実現できない。公務員は、常に緊張感を持って職務に当たることが求められる。

2 市民目線・スピード感・幅広い視野

　私は、このような重要な職務を担う公務員として、これまでの経験を活かし、次のように取り組んでいきたい。

　第一に、市民目線・顧客目線を持つことである。私が従事していた前職では、「お客様センター」が設置されていた。前日に届いたクレームは、翌日には全社員が確認することを徹底した。このため、営業や経理などの職種を問わず、顧客目線を持つことが徹底された。公務員として従事するにあたっても、こうした目線を忘れることなく、市民からの声に常に耳を傾け、市民目線を常に忘れずに職務に従事していく。

　第二に、スピード感を持って業務に従事することである。前職場では、効率的な業務遂行のための仕組みが定着していた。具体的には、1回の会議は30分以内、チームのスケジュール管理は共有、稟議に要する時間の管理などである。私は、こうしたスピード感を意識して業務を行うことができる。このため、公務員になっても、即断即決や住民へのスピーディーな返信など、スピード感を持って業務を行っていく。

　第三に、幅広い視野を持つことである。私は、前職在職中から意識して業界以外の方ともできるだけ交流するように心掛けた。また、講演会やセミナーの参加や読書など、

広く自己啓発に努めてきた。社会人になると、どうしても視野が狭くなりがちになり、所属する団体や業界の動向だけに目がいきがちである。しかしながら、そうすると見識が広がらず、さまざまな考えを持つ多様な住民のニーズに応えることができない。私は、今後も自己啓発を忘れず、常に広い視野で考えることを念頭に職務に従事していく。

3 市民に信頼される公務員として

　現在、本市の抱える課題は山積している。全国的な少子高齢化に伴う人口減少はもちろんのこと、防災対策、環境問題、地域活性化など、いずれも待ったなしの状況である。さまざまな行政課題があるが、いずれも目的は住民福祉の向上であり、それを職責とする公務員の役割は非常に大きい。私は、これまでの経験を活かし、公務員として全力で職務にあたる所存である。

4 私は、これまでの経験を活かし、公務員として全力で職務にあたる所存である

最後の一文をこのように締めくくると、テーマである「これまでの経験を公務員としてどのように活かせるのか述べよ」に対して、的確に答えていることを採点官にアピールできます。

評価項目	評価項目の説明	評価
問題意識	・論題となった社会事象や行政課題に対する公務員としての問題意識 ・自治体等の現状とのギャップを分析する力	B
論理力	・課題解決の方向性　・解決策における論理の組み立てと展開する力 ・各章相互の関連性や論理矛盾を精査する力	A
表現力	・解決策における具体性 (5W1H) と実現可能性 ・借り物でない自らの言葉・表現　・「時事問題」としての新鮮さ	A
意欲	・自ら立案した解決策を実現する方策・説得力 ・危機管理能力・即応力　・独自性・オリジナリティ	B
文章力	・簡潔・明瞭　・規定文字数　・誤字・脱字　・原稿用紙の使い方	A
採点官から	「これまでの経験を公務員としてどのように活かせるか」は頻出のテーマです。しかし、この論文でもわかるように、何か特別な経験でなくても構わないのです（そもそも特別な経験を持っている人は少数です）。市民目線・スピード感・幅広い視野のいずれも一般的な内容ですが、これをどのようにアピールするかが大事なのです。 面接でも質問されますので、必ずチェックしておきましょう。	総合評価 A

A：優れている　B：比較的優れている　C：普通　D：大改造が必要　E：基礎からの勉強を要する

合格論文例 02

本市の課題を1つ挙げ、それを解決するため、あなたの経験や実績をどのように活かすのか述べよ(1,400字)

ここがポイント！

1 DX
Digital Transformation デジタル・トランスフォーメーションのこと。経済産業省は、「DX推進ガイドライン」において、DXを「企業がビジネス環境の激しい変化に対応し、データとデジタル技術を活用して、顧客や社会のニーズを基に、製品やサービス、ビジネスモデルを変革するとともに、業務そのものや、組織、プロセス、企業文化・風土を変革し、競争上の優位性を確立すること」と定義しています。

2 自治体DX推進計画
令和2年12月策定、令和4年9月改定（p.226参照）。

3 チャットボット
チャットとボットを組み合わせた言葉で、人工知能を活用した自動会話プログラムのこと。自治体でもごみの分別方法や各種の申請や手続に関する相談などで活用されています。

4 AI
AIとはArtificial Intelligenceの略で、人工知能を指します。自治体での活用例として、住民からの問い合わせ等に対話形式で自動応答する仕組み（チャットボット）や、AIによる保育所利用調整業務の省力化など

1 本市の課題

現在、本市の課題は山積している。防災、福祉、環境、教育など、さまざまな分野で住民ニーズは多様化・高度化している。一方で、人口減少に伴う生産年齢人口の減少に伴い、本市財政は楽観視できる状況ではない。

このような厳しい財政状況の中で、山積する課題に対応するためには、効率的・効果的な行財政運営は不可欠である。限られた財源を有効に活用しなければ、住民から信頼される市政運営を行うことはできない。

そこで今強く求められるのはDXへの取組みである。DXにより住民サービスの向上や効率的な事業執行が期待されており、国も「自治体DX推進計画」等を掲げている。本市においてもDXの推進は喫緊の課題である。

2 DX推進への対応

私は、これまでの経験や実績を活かし、DX推進に対して次のように取り組む。

第一に、住民サービスの向上である。新型コロナウイルス感染症の影響によって顧客ニーズは変化し、現勤務先でも、対面ではなくオンラインコミュニケーションの機会が多くを占めている。このため、オンラインによる住民サービスを向上させる。具体的には、マイナンバーを活用したオンライン手続きはもちろんのこと、市独自のサービスにおいても電子申請を推進していく。また、チャットボットを活用し、住民がいつでもどこでも相談できるような体制を整備する。こうした取組みにより、住民サービスを向上させることができる。

第二に、行政事務の効率化である。現職で業務改善プロジェクトのリーダーを行ってきた経験を活かし、次の点を行う。まず、AIの活用である。保育園入園処理などでは大幅に時間が短縮できており、さらなるAIの活用を図る。また、大量の定型作業を自動化できるRPAを、行政のさ

まざまな分野で導入・推進していく。さらに、職員のテレワークを進める。ICTを用いて時間や場所を有効に活用できる働き方は、業務の効率化だけではなく、感染症や災害の発生時にも有効である。こうした取組みにより、行政事務を効率化することができる。

　第三に、職員の育成である。DX推進には、職員の育成が重要である。このため、現在の民間企業での経験を活かし、以下の点を行う。まず、情報セキュリティに対する意識啓発である。個人情報を取り扱う職員は、住民の信頼を損なうことがないよう、これまで以上にセキュリティに対する認識を高める必要がある。また、職員のDXに対する認識を高めるため、研修の実施やPTを編成する。さらに、CIOの設置や外部人材の導入についても積極的に検討する。こうした取組みにより職員の育成を図ることができる。

３　誰一人取り残さない社会の実現

　DXの推進は、住民サービスの向上にとって効果的である。しかしながら、一方で未だにICT機器に不慣れな住民がいることを忘れてはいけない。誰一人取り残されないデジタル社会の実現のためには、デジタルデバイド対策についても市は積極的に取り組んでいかねばならない。

　私は公務員として、これまでの経験や実績を活かし、DX推進に全力で取り組む所存である。

があります。

5 RPA

Robotic Process Automationの略で、人が行う定型的なパソコン操作をソフトウェアのロボットが代替して自動化するもの。自治体では、個人番号カード交付管理、住民税申告書の入力、職員の時間外勤務時間の集約・集計や給与明細の作成など、幅広い分野で活用することができるとされています。

6 CIO

Chief Information Officerの略で、「最高情報責任者」などと訳されます。首長の指示系統の明確化等の観点から、副知事や副市長等が任命されることもありますが、外部から任用している自治体もあります。

7 デジタルデバイド

IT（情報技術）を利用できる層とできない層との間で生じる格差のこと。情報格差。

評価項目	評価項目の説明	評価
問題意識	・論点となった社会事象や行政課題に対する公務員としての問題意識 ・自治体等の現状とのギャップを分析する力	A
論理力	・課題解決の方向性　・解決策における論理の組み立てと展開する力 ・各章相互の関連性や論理矛盾を精査する力	A
表現力	・解決策における具体性 (5W1H) と実現可能性 ・借り物でない自らの言葉・表現　・「時事問題」としての新鮮さ	A
意欲	・自ら立案した解決策を実現する方案・説得力 ・危機管理能力・即応力　・独自性・オリジナリティ	A
文章力	・簡潔・明瞭　・規定文字数　・誤字・脱字　・原稿用紙の使い方	A
採点官から	論文として、ここまで書けていれば問題ないでしょう。なお、こうしたテーマの場合、どのような課題を取り上げれば、自分を上手くアピールできるかという視点も重要です。行政にはさまざまな課題がありますので、広く考えて構いません。ただし、あまりマニアックなもの、視野の狭いものでは困ります。	**総合評価** A

A：優れている　B：比較的優れている　C：普通　D：大改造が必要　E：基礎からの勉強を要する

合格論文例 03 ワークライフバランスの実現について、あなたの考えを述べよ (1,400字)

ここがポイント!

1　働き方改革
2018（平成30）年に働き方改革関連法が成立し、2019（平成31）年4月より順次施行されることとなりました。内容としては、①残業時間の上限規制、②有給休暇取得の義務化、③勤務間インターバル制度、④中小企業への割増賃金率の猶予措置の廃止、⑤産業医の機能強化、⑥同一労働同一賃金、⑦高度プロフェッショナル制度の創設、があります。

2　テレワーク
パソコンやインターネットなどのICTを利用し、場所や時間にとらわれないで働く勤労形態。

1　官民ともに求められるワークライフバランス

　少子高齢化の進行や人口が減少する中、長時間労働・残業などの日本の慣習が生産性低下の原因になっているとし、働き方改革が求められている。平成30年の通常国会では、関連法案が審議された。

　この働き方改革と同様に、官民問わず働く者に求められているのはワークライフバランスの実現である。長時間労働や残業により心身に変調を来し、職員が休職してしまうことがある。しかし、これではかえって生産性を低めてしまい本末転倒である。一人ひとりが最大限の能力を発揮するためにもワークライフバランスの実現は急務であり、まさに本市の喫緊の課題である。

2　ワークライフバランス実現のために

　ワークライフバランス実現のためには、自治体は事業者として自治体職員がワークライフバランスを実現できるよう取組みを行うとともに、広く社会に向けて広報・啓発を行う必要がある。具体的には、次の3点を行う。

　第一に、自治体職員の残業削減の取組みである。一般的な職場では、定時退庁しにくい雰囲気があることや、サービス残業が常態化しているとの指摘がある。このため、ノー残業デーの設定、定時一斉消灯などの仕組みを制度化することが必要である。また、業務を効率的に執行できるよう、資料の簡素化や不必要な会議の廃止など、業務のあり方を抜本的に見直す。これにより、残業を削減することができる。

　第二に、働きやすい環境の整備である。すべての職員が活き活きと働くためには、働く環境の整備も重要である。具体的には、フレックス制やテレワークなどの多様な就労形態の検討や、男性の育児休業取得率向上、介護者へのサポートなど、仕事と生活の両立支援に向けた取組みを行う。これにより、職員の状況やライフサイクルに対応する

ことができ、ワークライフバランスの実現が可能となる。

　第三に、市内事業者や市民への啓発である。市は、ワークライフバランスに関する指標を設定し、その指標を達成した事業者を表彰する制度を設ける。また、こうした事業者については入札で有利となるような仕組みを構築する。さらに、広く市民に対してパネルディスカッションや講演会などでワークライフバランスの必要性を周知するとともに、先の指標を用いて各家庭で簡単にチェックできるようなパンフレット等を作成する。これにより、事業者や市民の意識を高めることができる。

3　本市職員として

　現在勤務している職場では、数年前まではワークライフバランスを口にする社員は皆無だった。しかし、昨今、ブラック企業、プレミアムフライデー、時差Biz などが話題となり、少しずつであるが浸透してきた印象がある。

　働く者が活き活きと働くことができ、また能力を発揮できる環境がなくては、本来の目的である生産性の向上にはつながらない。まさにワークライフバランスの実現は、企業や市役所にとっても極めて重要である。私は、本市職員としてワークライフバランスを実現するとともに、市民のため全力を尽くしていきたい。

3 パネルディスカッション
あるテーマについて、複数の専門家（パネリスト）が意見を述べた後に、一般の参加者も交えて進めていく討論会のこと。

4 時差Biz
働き方改革の一環として、通勤ラッシュ回避のため時差出勤や在宅勤務を行うよう呼びかける東京都のキャンペーン。

評価項目	評価項目の説明	評価
問題意識	・論題となった社会事象や行政課題に対する公務員としての問題意識 ・自治体等の現状とのギャップを分析する力	A
論理力	・課題解決の方向性　・解決策における論理の組み立てと展開する力 ・各章相互の関連性や論理矛盾を精査する力	A
表現力	・解決策における具体性（5W1H）と実現可能性 ・借り物でない自らの言葉・表現　・「時事問題」としての新鮮さ	A
意欲	・自ら立案した解決策を実現する方策・説得力 ・危機管理能力・即応力　・独自性・オリジナリティ	A
文章力	・簡潔・明瞭　・規定文字数　・誤字・脱字　・原稿用紙の使い方	A
採点官から	ワークライフバランスについての視点は2つあり、1つはあなたが公務員としてどのようにワークライフバランスを実現するかであり、もう1つはいかに住民にワークライフバランスを啓発するかです。どちらか一方の視点で書いても構わないのですが、2つの視点を取り入れた方が、論文の内容に深みが出ます。	**総合評価** A

A：優れている　B：比較的優れている　C：普通　D：大改造が必要　E：基礎からの勉強を要する

合格論文例 04
あなたがこれまでに成果を挙げたと思う実績について述べよ (1,500字)

ここがポイント！

1 概要と背景
1章で「成果を挙げたと思う実績」について、簡潔に説明しています。採点官は、「何を実績と考えているのか」を知りたいので、冒頭でこのように簡潔な説明があれば、2章以下にスムーズに読み進めることができます。

2 苦労したことや学んだこと
2章では、その実績に関して苦労したことや学んだことを記述しています。採点官は、「その実績から何を学んだのか」、「実績をどのように公務員として活かすのか」を知りたがっています。つまり、実績の内容そのものも大事なのですが、そこから何を考え、どのような学びがあったのかが大事ですので、あくまで公務員の視点を忘れずに記述するようにしてください。

1 概要と背景

　私がこれまでに成果を挙げたと思うことは、新たな商品の計画を立案し、実際に商品化されたことである。現在、私はメーカーの商品開発を担当をしており、常に新たな商品の企画を行っている。しかし、実際に商品化されることは会社全体でも少ない。社長など上層部で構成する商品決定会議で最終的な決定を行うが、商品化できるのは全企画の1割にも満たない。

　昨年12月、私は2年目にして初めて自分の企画が通り、商品化が決定した。このことは、自分の大きな自信になるとともに、多くの学びを得ることが機会となった。

2 苦労したことや学んだことなど

　上記の実績について、3つの視点から述べてみたい。

　第一に、苦労した点である。商品化が決定するまでには、いくつもの案を考え、上司に提出することになっている。しかし、第一関門である課内会議を通過することも困難である。「これは以前の商品の模倣だ」、「消費者のメリットが少ない」、「100円ショップでも売っている」など酷評は当たり前であった。企画を出すことがいかに難しいかを痛感した。一時期は眠れないこともあったが、先輩にも「この苦労はだれもが通る道だから、頑張れ」励まされ、なんとか乗り切ることができた。

　第二に、この経験から学んだことである。この実績から学んだことは数多くあるが、1点目はさまざまな目線を持つことである、企画段階では消費者目線はもちろんのこと、課長や社長などは業界全体や経営的な視点から考えるということを学んだ。商品は、だれもが納得するものがよいとは限らないが、さまざまな視点でとらえることが大事であることを学んだ。2点目に、しぶとさである。企画会議では、企画へのダメ出しは日常茶飯事である。しかし、これにその都度反応しては、精神的に参ってしまう。ダメ

出しされても聞き流せるしぶとさが身に付いたのは、自分にとって成長につながった。

第三に、この実績を公務員としてどのように活かせるかである。さまざまな目線を持つことと、しぶとさは住民対応で活かすことができる。住民にはいろいろな人がおり、考えもさまざまだ。私は、住民対応にあたっては、さまざまな目線になりながら住民の立場で考えることができる。また、しぶとさは、住民からのクレーム対応で活かすことができる。以前から、モンスターペアレントやクレーマーが市役所窓口にも多いと聞いている。その中には、貴重な意見もあるが、独善的な内容もある。私は、これまで経験した多くのダメ出しで、否定されることに免疫ができており、激しいクレームにも対応できる。

3 公務員として全力を尽くす

現在、本市は大きく変革の時期を迎えている。高齢化、人口減少など社会構造そのものが変わろうとしている。しかし、まちづくりの主人公は市民であることには変わりはない。いかに社会が変わろうとも、市民が笑顔でいられるまちづくりを行うことは非常に意義がある。生まれ育ったこのまちを、今後さらによくするため、私はこれまでの経験を活かしながら、公務員として全力を尽くしていきたい。

3 モンスターペアレント
学校に対して、自己中心的で言い掛かりともいえるような理不尽な要求、苦情、文句、非難などを繰り返す保護者のことで対応に注意が必要。

4 公務員として全力を尽くす
3章は締めくくりの部分ですので、決意を述べます。「これまでの経験を活かし」と、これまで述べてきた実績を踏まえつつ、決意表明をしましょう。

評価項目	評価項目の説明	評価
問題意識	・論題となった社会事象や行政課題に対する公務員としての問題意識 ・自治体等の現状とのギャップを分析する力	B
論理力	・課題解決の方向性　・解決策における論理の組み立てと展開する力 ・各章相互の関連性や論理矛盾を精査する力	A
表現力	・解決策における具体性 (5W1H) と実現可能性 ・借り物でない自らの言葉・表現　・「時事問題」としての新鮮さ	A
意欲	・自ら立案した解決策を実現する方策・説得力 ・危機管理能力・即応力　・独自性・オリジナリティ	A
文章力	・簡潔・明瞭　・規定文字数　・誤字・脱字　・原稿用紙の使い方	A
採点官から	このような問題の場合、単に「自分はこんなことを達成しました！」のような論文が多いのですが、大事なことは、「それが公務員としてどのように活かせるのか」という点です。採点官が読んだ場合に、「公務員として、このような場面で活躍できるな」とイメージできるような内容であることが必要です。	**総合評価** A

A：優れている　B：比較的優れている　C：普通　D：大改造が必要　E：基礎からの勉強を要する

合格論文例 05 アフター・コロナにおける住民サービスの向上について、あなたの考えを述べよ (1,400字)

 ここがポイント！

1 新型コロナウイルス感染症
新型コロナウイルス感染症は、住民生活においても行政においても、重大な影響を及ぼしました。よって、論文課題としてストレートに問われることも、当然あります。また、単に「住民サービス」のあり方として尋ねられることも想定されますが、やはり新型コロナウイルス感染症の影響を考慮する必要があります。

2 電子申請
これまで紙によって行われていた申請や届出などの各種行政手続について、インターネットを使って実現できるようにするもの。また、従来の紙による入札情報の入手や入開札までをインターネットを介して行う電子入札も活用されています。

1 長引く新型コロナウイルス感染症の影響

　依然として、新型コロナウイルス感染症は収束せず、その影響が長期化している。これまでに緊急事態宣言が4回発出され、また、まん延防止等重点措置が取られることもあった。これにより、外出自粛、店舗の休止や営業時間の短縮などが行われた。また、本市においても、公共施設の休止や住民サービスの一部停止などが行われ、住民の生活や行動に多大な影響を与えている。

　しかし、自治体の責務は住民の生命と財産を守ることにある。住民に最も身近な行政である本市は、このような非常事態においても、住民ニーズに的確に応え、確実に行政運営を行っていく必要がある。こうしたことから、改めて住民サービスのあり方が問われている。

2 さらなる住民サービス向上のために

　これまでも本市は住民サービス向上に努めてきたが、さらなるサービス向上のために次のような取組みが必要である。

　第一に、的確な住民ニーズの把握である。新型コロナウイルス感染症の影響により、住民説明会や各種イベントの中止など、対面の機会が減少し、住民の声を直接聞くことが少なくなった。このため、SNS、市へのメール、広聴はがき、意識調査など、さまざまな機会をとらえて住民の意見を把握することが、これまで以上に重要となってきている。職員一人ひとりがそのことを意識し、住民ニーズを的確に把握することが求められる。

　第二に、これまで以上に住民目線に立ったサービスの提供である。新型コロナウイルス感染症の影響により、これまでは来庁しなくては手続きできなかったものが、感染拡大防止のため、電子申請や郵送手続きが可能となった事例がある。これは、緊急避難的な対応かもしれないが、もともと来庁せずとも手続きが可能だったとも言える。このように、改めて住民目線に立ってサービスの提供方法など

を検討し、住民の利便性を高める取組みが必要である。

　第三に、最少の経費で最大の住民サービスを提供する仕組みづくりである。新型コロナウイルス感染症の影響により、企業ではリモートワーク、WEB会議[3]、時差出勤などが導入された。この結果、従来の出勤体制でなくても、成果を挙げられることが確認されている。本市においても、急きょ在宅勤務なども行われたが、改めて勤務体制や会議のあり方などを再検討する必要がある。生産性の高い仕組みづくりができれば、費用対効果を高められ、また職員の働き方改革にも資することができる。

3　住民の信頼に応える行政運営

　新型コロナウイルス感染症は、改めて自治体の役割を問われるきっかけになったと言っても過言ではない。感染拡大防止と住民ニーズを踏まえたうえでのサービス提供、適時適切な広報、限られた職員数での組織運営など、さまざまな課題が浮き彫りになった。

　しかし、自治体の責務は住民の生命と財産を守ることにある。社会経済状況が日々変化する中にあっても、確実にサービスを向上させていかなければ住民の信頼に応えることはできない。私は公務員として、住民のため全力を尽くす所存である。

3 WEB会議
インターネットを通じて遠隔地をつなぎ、映像や音声のやり取り、資料の共有などを行うシステム。職員が同じ庁内にいる場合であっても、密集を避けるため、自席からWEB会議に参加することもあります。

評価項目	評価項目の説明	評価
問題意識	・論題となった社会事象や行政課題に対する公務員としての問題意識 ・自治体等の現状とのギャップを分析する力	A
論理力	・課題解決の方向性　・解決策における論理の組み立てと展開する力 ・各章相互の関連性や論理矛盾を精査する力	A
表現力	・解決策における具体性(5W1H)と実現可能性 ・借り物でない自らの言葉・表現　「時事問題」としての新鮮さ	A
意欲	・自ら立案した解決策を実現する方策・説得力 ・危機管理能力・即応力　・独自性・オリジナリティ	A
文章力	・簡潔・明瞭　・規定文字数　・誤字・脱字　・原稿用紙の使い方	A
		総合評価
採点官から	「住民サービスの向上」は、よく出題されるテーマです。しかし、新型コロナウイルス感染症の影響により、住民サービスのあり方が問われた2020年以降であれば、当然ながら時事的な要素への言及も必要となります。こうした影響について触れないと、「過去の論文の丸写しでは?」と採点官に疑われてしまうので、注意が必要です。	A

A:優れている　B:比較的優れている　C:普通　D:大改造が必要　E:基礎からの勉強を要する

合格論文例 06 効率的・効果的な行財政運営について、あなたの考えを述べよ（2,000字）

ここがポイント！

1 南海トラフ地震
駿河湾から遠州灘、熊野灘、紀伊半島の南側の海域および土佐湾を経て日向灘沖までのフィリピン海プレートおよびユーラシアプレートが接する海底の溝状の地形を形成する区域を南海トラフといいます。この南海トラフ沿いのプレートが、限界に達して跳ね上がることで発生する地震が南海トラフ地震で、対策が必要とされています。

2 歳入確保の取組み
歳入確保の取組みとしては、一般に税の徴収率の向上（差押え、コールセンター等）、自治体財産の活用（広告事業、ネーミングライツ、未利用地の貸付等）などがあります。

3 歳出削減
歳出削減の取組みとしては、一般にアウトソーシング（民間委託等）の推進、定員の適正化、各事務事業の検証などがあります。

1　求められる効率的・効果的な行財政運営
　現在、本市の課題は山積している。今後30年以内に70〜80％の確率で発生すると言われる南海トラフ地震などの防災対策はもちろんのこと、少子高齢化対策、子育て支援など、解決すべき課題は多い。
　一方で、財政状況は厳しい。生産年齢人口の減少に伴い増収が見込めない中、高齢化に伴う社会保障費の増加、上下水道などのインフラ設備の老朽化など、今後の財政状況は予断を許さない。このように、財政状況が厳しい中で、山積する課題を解決するためには、効率的・効果的な行財政運営は必須であり、まさに本市の喫緊の課題である。

2　行財政運営の課題
　これまでも市は、行財政改革プランの実行など、効率的・効果的な行財政運営に努めてきた。しかし、依然として次のような課題がある。
　第一に、歳入確保の取組みが十分とは言えない。これまでも市は税の滞納防止のためコールセンターの設置、徴収員の確保などを行い、一定の成果を挙げてきた。しかしながら、税収増以外の歳入確保策については、あまり行われてこなかった。多くの自治体では、受益者負担の見直しなど、さまざまな歳入確保策を講じており、本市でも検討が必要である。
　第二に、歳出削減のさらなる検討である。今後、税収増が見込めない中、現在と同じ住民サービス提供を行うことは困難である。すでに、ある自治体では行政サービスを抜本的に見直し、事業の大幅な縮小や、住民負担を増加させている。将来世代に負の遺産を引き継がないためにも、大胆な歳出削減の検討が必要である。
　第三に、市民の市政に対する認識が低いことである。効率的・効果的な行財政運営を実施するためには、自治体の取組みだけでは不十分であり、まちの主人公である住民を

取り込む必要がある。しかしながら、市民アンケートでは、市政に関心を持つ割合は70％程度に過ぎない。今後、さらに厳しい行財政運営が予想される中、市民の市政に対する意識を高めていく必要がある。

3　よりよい行財政運営を目指して

　以上の課題を解決するために、今後、次のような取組みを行う。

　第一に、市有財産の活用である。自治体によっては、ネーミングライツ、施設の壁面広告、印刷物への広告掲載など、さまざまな市有財産を活用して広告収入を得ている。現在は、スポーツ施設に企業名が付されていることも一般的になり、違和感を覚えることも少ない。このため、市として広告事業を検討するとともに、使われていない市有地の賃貸など、市有財産を活用した歳入確保策に取り組んでいく。

　第二に、外部評価制度と公会計制度の活用である。現在も本市は、行政評価制度を活用して、PDCAサイクルを構築している。しかし、この行政評価制度は内部の職員のみで実施されており、まだ改善の余地がある。このため、今後は新たに公認会計士などの専門家による外部評価委員会を設置し、行政評価を行う。これにより、公会計による見直し行うことができ、歳出削減につなげることができる。

　第三に、住民や企業等との協働体制を構築する。これまで、審議会や委員会の委員は特定団体の充て職や、数少ない公募市民であった。今後は、あらゆる事業についてワークショップを開催し、政策決定段階から多くの市民の意見を取り込む仕組みを構築する。また、事業提案制度を設けて、住民や企業等から事業を提案してもらい、事業そのものを住民や企業等が実施できる制度を構築する。これにより、広く協働体制が構築できるとともに、意識改革を図ることもできる。

4．本市のさらなる発展に向けて

　現在、公務員を取り巻く状況は、非常に厳しい。最近で

4 外部評価制度
学識経験者や公認会計士などの専門家、公募市民など、自治体職員以外の者によって自治体の事業や政策などを評価する制度のことで、多くの自治体で導入されています。

5 ワークショップ
参加者が中心となって議論を行い、その成果をまちづくりに生かそうとするものです。参加者が講師などの話を一方的に聞くのではなく、参加者自身の討論や体験などを語り合う双方向形式で、グループ学習とも言われます。

は、国では決裁文書の改ざんなどの公文書管理の問題が大きくクローズアップされた。また、セクハラ、パワハラ、公金横領などを受け、服務規律が強く求められている。しかし、住民が「住んでよかった」、「これからも住み続けたい」と思うようなまちづくりの実現のためには、自治体職員の役割は非常に大きい。

　私は、現在は民間企業に勤務しているが、住民の幸せのために働くことのできる自治体職員に大きな魅力を感じている。私は本市の職員として、全力を尽くす所存である。

評価項目	評価項目の説明	評価
問題意識	・論題となった社会事象や行政課題に対する公務員としての問題意識 ・自治体等の現状とのギャップを分析する力	A
論理力	・課題解決の方向性　・解決策における論理の組み立てと展開する力 ・各章相互の関連性や論理矛盾を精査する力	A
表現力	・解決策における具体性(5W1H)と実現可能性 ・借り物でない自らの言葉・表現　・「時事問題」としての新鮮さ	A
意欲	・自ら立案した解決策を実現する方策・説得力 ・危機管理能力・即応力　・独自性・オリジナリティ	A
文章力	・簡潔・明瞭　・規定文字数　・誤字・脱字　・原稿用紙の使い方	A
採点官から	とてもよく書けています。行財政運営とは自治体経営ですから、いわゆる人・物（サービス）・金の視点で考えるとわかりやすいでしょう。ここでは、歳入・歳出・協働を取り上げていますが、これ以外にも職員の能力開発、広報、情報システムなど、いろいろな視点で書くことも可能です。	総合評価 A

A：優れている　B：比較的優れている　C：普通　D：大改造が必要　E：基礎からの勉強を要する

Chapter 4

社会人・経験者採用の面接対策

面接試験前に覚えておいてほしいこと

1　面接の目標はミスをなくすことでなく、得点をねらうこと

→ 多少答える内容が正確でなくても、
「この受験者の話には魅力がある」、
「この人物は面白いな」と
面接官に思わせることのほうが重要

2　会話のリズムを大事にする

→ 受験者が質問に答えられずにずっと沈黙している、
床をじっと見つめながら面接官の質問に
暗記したことを答える、などはおかしい

3　社会人・経験者採用試験の面接では、日頃の顧客などへの言葉遣いにならないよう注意する

→ 言葉遣いが営業トークのようになってしまう受験者

●「この受験者と仕事がしたい」と思わせること

本章では、面接試験対策について説明します。まず、受験者に面接試験前に覚えておいてほしいことを整理します。

第一に、**面接の目標はミスをなくすことでなく、得点をねらうこと**です。面接試験では、受験者は「どうしたら間違えないか」、「ミスをなくすにはどうするか」と減点に意識しがちです。しかし、こうした姿勢はそもそも面接受ける姿勢として間違っています。面接で目指すのは、面接でいかに得点するか、つまり、面接官に「この受験者を採用したい」と思わせるかです。

皆さんも面接官になったつもりで考えてもらえればご理解いただけるかと思うのですが、「ミスがない」、「答えに間違いがない」というだけで、その人を採用したいと思うでしょうか。それよりも、多少答える内容が正確でなくても、「この受験者の話には魅力がある」、「この人物は面白いな」と面接官に思わせることのほうが重要なのです。面接官に「この受験者と仕事がしたい」と思わせることこそ、面接の合格ラインと言ってよいのです。

● 社会人・経験者だからこそ言葉遣いに注意する

第二に、**会話のリズムを大事にする**ということです。面接での会話は、リズムが大事です。このリズムができていない面接とは、受験者が質問に答えられずにずっと沈黙している、床をじっと見つめながら暗記したことを答える、などがあります。また、一度に完璧に答えようとして、受験者が長々と話すこともリズムを壊してしまいます。

よく会話のキャッチボールという言い方をしますが、お互いの発言がリズムよく行われればこのキャッチボールはスムーズになります。しかし、このリズムが崩れると、気まずい雰囲気ができてしまいます。

第三に、社会人・経験者採用試験の面接では、**日頃の顧客などへの言葉遣いにならないよう注意する**ということです。社会人・経験者の場合、面接の際に、違和感を覚えることがあります。それは、口調や受け答えが、顧客対応などのようになってしまうことです。「そのようにおっしゃいますが」、「弊社では…」、「精一杯努力させていただきますが、至らぬ点もあるかもしれません」など、営業トークのように聞こえてしまうこともあるのです。

言うまでもありませんが、社会人・経験者採用試験といえども、面接は面接です。あくまで、受験者という立場を忘れないでください。そして、言葉遣いに十分注意してください。

面接シート記入に
あたっての注意点

1 自分のアピールポイントを質問させるようにシートを書く

→ エピソードなど言いたいことをすべて書くのでなく、余韻を残して面接官の質問を誘導

2 同じことは2度書かない

→ 同じことが何回も出てくると、
面接官は「また同じ話か」、
「この受験者は、これしか話すことがないのか」と
思ってしまう

3 面接シートに書かない事項を確認しておくこと

→ 面接シートが完璧だと、
あえて面接官は面接シートに書いていないことを
聞いてくることがある

● 面接官に自分のアピールポイントを質問してもらう

　次に、面接シートの書き方についてです。2章でエントリーシート・アピールシートの書き方について説明しましたが、ここでは、申込時に提出するエントリーシートと異なり、面接で使われるシートということに着目して内容を整理します。2章と内容が一部重なる点がありますが、面接シートを書くにあたっての注意点を整理してみたいと思います。

　第一に、自分のアピールポイントを質問させるようにシートを書くということです。先に述べたように、面接では減点を避けるのでなく、得点を意識することが重要です。そのためには、自分のアピールポイントを面接官に訴えられるようにする必要があり、面接シートは面接官が質問したくなるように記入する必要があります。具体的には、エピソードなど言いたいことをすべて書くのでなく、余韻を残して面接官の質問を誘導するのです。

　第二に、同じことは2度書かないことです。「あなたの長所」、「あなたがこれまでに最も成果を挙げたと思うこと」など、質問項目が異なってもその回答がまったく同じ内容・エピソードであることがあります。仮に、それが自分のアピールポイントであっても、同じことが何回も出てくると、面接官は「また同じ話か」、「この受験者は、これしか話すことがないのか」と思ってしまいます。

● 面接シートに書かないことにも注意する

　第三に、面接シートに書かない事項を確認しておくことです。先に述べた「自分のアピールポイントを質問させるように書かれたシート」は、実は面接官は案外一目で見抜いたりします。「なるほど、この受験者はこの点を聞いてほしいんだな」などとベテラン面接官は見抜いてしまうのです。

　そうなると、「では、あえてこの面接シートに書いてあることは質問しない」というような、受験者から見れば困った面接官もいるのです。これは、面接官の立場からすれば意地悪でやっているのではないのです。「この面接シートは完成していて、きっとこれに基づく想定問答も完璧なはずだ。それでは、人物像がわからないから、シートにないことを聞こう」となるのです。

　このため、受験者としては何を書いていないかも一応チェックしておきましょう。大学時代であればゼミ、サークル、アルバイトなのですが、社会人・経験者であれば、その会社を志望した理由、職務内容、同僚や上司との付き合い、休日の過ごし方、など質問はいろいろと考えられます。

面接の評価基準

面接の評価基準は一般に公表されていないが、自治体によりそれほど大きくは変わらない

評価基準の例

1 人事院公表

①積極性（意欲、行動力）
②社会性（他者理解、関係構築力）
③信頼感（責任感、達成力）
④経験学習力（課題の認識、経験の適用）
⑤自己統制（情緒安定性、統制力）
⑥コミュニケーション力（表現力）

2 『地方公務員 採用・昇任試験必携 問題作成の技術』

①信頼性（自らの責任を誠実かつ着実に果せる）
②安定性（落ち着いて公正かつ的確な対応をできる）
③協調性（他人を理解し十分な意思疎通をはかれる）
④規律性（まじめで規則正しく秩序を尊重できる）
⑤積極性（向上しようという意欲を実現に移せる）
⑥開放性（偏見も躊躇もなく新しい経験に立ち向かえる）

※社会人・経験者採用試験における面接の評定基準も基本的に新卒と変わらないが、求められるレベルが異なる。また、即戦力になるかもポイント。

● 評価基準の例

　面接試験における、実際の評価基準について説明します。評価基準は、自治体ごとに異なりますし、また、その内容を発表することはほとんどありません。しかし、面接の評価基準は自治体によってそれほど大きく変わらず、ほぼ同様と考えて差し支えないと思います。ここでは、2点ご紹介します。

　1つは、人事院が公表している「個別面接の評定票の例と評定項目」（P.120参照）です。ここでは、評定項目が6点示されています。具体的には、①積極性（意欲、行動力）、②社会性（他者理解、関係構築力）、③信頼感（責任感、達成力）、④経験学習力（課題の認識、経験の適用）、⑤自己統制（情緒安定性、統制力）、⑥コミュニケーション力（表現力）となっています。

　もう1つは、森田昭次郎・富田博実著『地方公務員　採用・昇任試験必携　問題作成の技術』（学陽書房）に記載されているものです。この本は、公務員採用・昇任試験における考え方や実務が記載されたものです。この中では、人物評価の評定項目として、①信頼性（自らの責任を誠実かつ着実に果せる）、②安定性（落ち着いて公正かつ的確な対応をできる）、③協調性（他人を理解し十分な意思疎通をはかれる）、④規律性（まじめで規則正しく秩序を尊重できる）、⑤積極性（向上しようという意欲を実現に移せる）、⑥開放性（偏見も躊躇もなく新しい経験に立ち向かえる）、の他、理解力、表現力、忍耐力なども示されています。

　上記2点を比較してもおわかりのとおり、評定基準自体には、それほど大きな違いはありません。

● 社会人・経験者採用試験の評定基準は？

　社会人・経験者採用試験における面接の評定基準についても、新卒と異なる何か特別の評定基準があることは稀です。基本的には、先の評定基準がベースになっています。ただし、注意しなければならないのは、同じ評定基準であっても、新卒と比較すればハードルが高いと考えるのが普通です。つまり、例えばコミュニケーション力であっても、社会人・経験者で求められるレベルと新卒のレベルでは、やはり異なります。

　また、社会人・経験者採用であれば、やはり即戦力になるかどうかがポイントだと考えられます。新卒であれば、社会人としてのマナーをこれから身に付けることや、今後の成長の可能性などが考慮されますが、社会人・経験者採用枠であれば、やはり即戦力になるのかが重視されるのです。

人事院公表 個別面接の評定票の例と評定項目

第1次試験地	試験の区分	受験番号	受験者氏名
人物試験の試験地	試験室　　　　第　　　　室	実施年月日　平成　　年　　月　　日	試験官氏名

［必須評定項目］　必須評定項目の評定に当たっては、次の尺度にしたがって該当する箇所にV印をつけてください。

評定項目		着眼点	評定
積極性	意欲 / 行動力	○ 自らの考えを積極的に伝えようとしているか ○ 考え方が前向きで向上心があるか ○ 目標を高く設定し、率先してことに当たろうとしているか ○ 困難なことにもチャレンジしようとする姿勢が見られるか	優　　普通　　劣
社会性	他者理解 / 関係構築力	○ 相手の考えや感情に理解を示しているか ○ 異なる価値観にも理解を示しているか ○ 組織や集団のメンバーと信頼関係が築けるか ○ 組織の目的達成や活性化に貢献しているか	優　　普通　　劣
信頼感	責任感 / 達成力	○ 相手や課題を選ばずに誠実に対応しようとしているか ○ 公務に対する気構え、使命感はあるか ○ 自らの行動、決定に責任を持とうとしているか ○ 困難な課題にも最後まで取り組んで結果を出しているか	優　　普通　　劣
経験学習力	課題の認識 / 経験の適用	○ 自己の経験から学んだものを現在に適用しているか ○ 自己や組織の状況と課題を的確に認識しているか ○ 優先度や重要度を明確にして目標や活動計画を立てているか ○ 他者から学んだものを自己の行動や経験に適用しているか	優　　普通　　劣
自己統制	情緒安定性 / 統制力	○ 落ち着いており、安定感があるか ○ ストレスに前向きに対応しているか ○ 環境や状況の変化に柔軟に対応できるか ○ 自己を客観視し、場に応じて統制することができるか	優　　普通　　劣
コミュニケーション力	表現力 / 説得力	○ 相手の話の趣旨を理解し、的確に応答しているか ○ 話の内容に一貫性があり、論理的か ○ 話し方に熱意、説得力があるか ○ 話がわかりやすく、説明に工夫、根拠があるか	優　　普通　　劣

［プラス評定項目］　次の評定項目について該当するものがあればその箇所にV印をつけ、プラスの評価として判定に反映させてください。

- ☐ 問題発見能力
- ☐ 企画力
- ☐ 決断力
- ☐ 危機への対応力
- ☐ リーダーシップ
- ☐ バランス感覚、視野の広さ
- ☐ 創造性・独創性
- ☐ 高い倫理性、社会的貢献への強い自覚

判定	［自由記入欄］	［対象官職への適格性］ 該当する箇所にV印をつけてください。

	大いにある	かなりある	ある	劣る	ない
	A	B	C	D	E

【主任試験官の記入欄】

［総合判定の理由］

［総合判定］
該当するものを○で囲んでください。

A	B	C	D	E
合	格			不合格

評定項目1．積極性（意欲、行動力）

> 積極性≠多弁にも気をつけて

着眼点	自らの考えを積極的に伝えようとしているか
	考え方が前向きで向上心があるか
	目標を高く設定し、率先してことに当たろうとしているか
	困難なことにもチャレンジしようとする姿勢が見られるか

　積極性は、課題への取組みに関連し、それに結びつく能力を示すものであり、課題への率先性、高い目標の設定、果敢な取組み等が含まれる。積極性のあることが必ず成果を生むというわけではないが、それがないと職務遂行が始まらないという意味でも共通に必要な能力である。

　また、言葉数が多かったり、外交的であったりすると積極的であると受け止められやすいが、言葉数が少ないとしても積極性がないとは限らないし、内向的な人でもチャレンジできる人はいるというように、多弁や外面的な快活さは必ずしも積極性そのものではない。このような誤解されやすい点について試験官へ事前に示しておくことも必要である。

評定項目2．社会性（他者理解、関係構築力）

> 新たな関係をつくれるか？
> 今の関係を深められるか？

着眼点	相手の考えや感情に理解を示しているか
	異なる価値観にも理解を示しているか
	組織や集団のメンバーと信頼関係が築けるか
	組織の目的達成と活性化に貢献しているか

　取組んだ課題の解決に向けてのプロセスの中では、課題の理解や知識、技術に関する能力に加え、他者理解や関係構築力という対人的な能力としての社会性が求められる。組織や集団の中でチームの一員として行動する場合はもとより、議論や交渉の場でも、他者の考えや感情の理解を基礎とし、新しい関係を築いていったり調整したりしていける能力は重要である。

　また、例えば、新規の課題に対応し、これまでに関係のなかった部署との連携を図ることの得意な人がいれば、既に関係のある部署との連携を深めることの得意な人がいるように、関係構築力には、新たに関係を構築する能力と関係を深めることのできる能力の双方が含まれる。

評定項目３．信頼感（責任感、達成力）

投げ出さないこと！

着眼点	相手や課題を選ばずに誠実に対応しようとしているか
	公務に対する気構え、使命感はあるか
	自らの行動、決定に責任を持とうとしているか
	困難な課題にも最後まで取り組んで結果を出しているか

　課題解決に向けて行動し結果を出すに至るまでの中では、安心して仕事を任せられる、誠実に最後までやり遂げるという観点からの信頼感が重要である。公務においては、正解のない問題や困難な問題に直面しても投げ出さない、粘り強く確実に成し遂げるということが求められ、そのような行動が信頼を生むともいえる。

　また、口に出してうまく言えなくても、自分がやらなければという使命感を持って達成意欲を継続していけることも看過してはならない。

自己の成長への意欲をアピール

評定項目４．経験学習力（課題の認識、経験の適用）

着眼点	自己の経験から学んだものを現在に適用しているか
	自己や組織の状況と課題を的確に認識しているか
	優先度や重要度を明確にして目標や活動計画を立てているか
	他者から学んだものを自己の行動や経験に適用しているか

　公務を遂行するに当たっては、これまでと状況が変化したり、新たな課題に出会うなど、想定されていなかった状況や課題に対面しても対応していける力を持っていることが求められている。広い知識、豊富な経験等は、このような能力にとって基礎となるものの一つであるが、このような基礎的な能力が行動レベルの顕在的な課題解決力として発揮されるかをみるためには、これまでの経験から何を学んできているか、その経験から何を抽出しているかに注目することが重要である。

　この経験学習力は、経験から学びそれを新たな状況に生かす能力であり、着眼点として挙げられているものは、コンピテンシーの習得や発揮と強く関係している。

　また、経験学習力は、意欲やモチベーションともかかわりがあり、自己の成長への意欲、達成感、自己効力感、活躍できたかという認識があることも重要である。

評定項目5．自己統制（情緒安定性、統制力）

着眼点	落ち着いており、安定感があるか
	ストレスに前向きに対応しているか
	環境や状況の変化に柔軟に対応できるか
	自己を客観視し、場に応じて統制することができるか

　組織の一員として行う場合でも個人が単独で行う場合でも、職務遂行全般において安定性、感情面でのコントロールは必要である。この点について、自らをコントロールし、ある時には自分を抑え、ある時には自己表現ができるという能力の観点から、自己統制（セルフコントロール）としてとらえ、情緒安定性と統制力をその要素として示すこととした。これは、例えば、いわゆる逆境に強いということには、ストレス耐性が高いという面と、緊張した状況やあいまいな状況でも落ち着いて最適解を見い出すプロセスをとることができるという面があるということである。

　また、着眼点についても、自己を客観的に観察できること（セルフモニタリング）、ストレスを重圧として受け取るのではなく、それに前向きに対応することという能動的な要素として示した。

　また、このような能力は、過去の行動についての聴取事項への回答の様子に表れるだけでなく、面接場面全体の対応においても表れうるものである。

評定項目6．コミュニケーション力（表現力、説得力）

着眼点	相手の話の趣旨を理解し、的確に応答しているか
	話の内容に一貫性があり、論理的か
	話し方に熱意、説得力があるか
	話が分かりやすく、説明に工夫、根拠があるか

　この能力の基本は、相互理解にあり、まず相手の話がわかること、そして相手を理解できることが前提となって自らを表現できることであるが、特に、職務を遂行する上では表現が論理的であることが求められる。さらに、表現された内容が相手に受け入れられる（行動の変容をもたらす）ためには、熱意が伝わること、機知に富んでいたり例示をうまく使うなど説明に工夫があることが必要である。

面接官には役割分担がある

面接官の役割分担の例

1人目の面接官…面接シート1枚目について質問

2人目の面接官…面接シート2枚目について質問

3人目の面接官…総合的な質問

注意すべき点

① 質問していない面接官にも注意する

質問をしていない面接官は、
他の面接官と受験者のやり取りをじっと聞いている

② 面接官によって大きく評価が異なることはない

面接官はベテラン職員なので、
面接官の間で大きく評価が異なることはない

● 面接官は必ず複数いる

　採用試験の面接には、個人面接や集団面接、集団討論・グループワークなど、いくつかの方法がありますが、最も一般的なのは個別面接です。

　個別面接は、１人の受験者に対して複数（通常は２、３人）の面接官がいます。面接官が複数いる理由は、１人だと評価の公平性が保てないからです。民間企業であれば「社長個人が気に入るか否か」が採用の基準になるかもしれませんが、公平性・公正性を重視する公務員の場合は、１人で採用を決めることはまずありません（アルバイトの採用などは別です）。

　複数いる面接官には役割分担があります。これは、一度でも受験したことがあるならば、おわかりかもしれません。例えば、１人目の面接官は、面接シートの１枚目について質問し、２人目の面接官は面接シート２枚目について質問する。そして、３人目は総合的な質問をするようにです。

　このように面接官に役割分担があることを踏まえ、皆さんに覚えておいてほしいことがいくつかあります。

● 面接官によって大きく評価が異なることはない

　第一に、質問していない面接官にも注意するということです。例えば、質問をしていない面接官は、他の面接官と受験者のやり取りをじっと聞いています。例えば、３人目の面接官が、「先程、長所は明るいところだと言いましたが、今、仕事でミスするとよく落ち込むとありました。矛盾してませんか」などと、厳しく追及してくることがあります。また、質問していない面接官は、じっと受験者を見て「態度に落ち着きがないな」、「服装が乱れている」などのチェックをしていることもあります。このようなことがありますので、質問していない面接官にも目を配るようにしてください。

　第二に、面接官によって大きく評価が異なることはないということです。受験者によっては、「１人目の面接官には上手く答えられたけど、３人目の面接官の質問にはまったく答えられなかった。だから、１人目の評価はよくても、３人目の評価は悪い」と考えるかもしれません。しかし、面接官は面接全体で評価しますので、特定の面接官への答えがよいから、その面接官の評価がよいというわけではないのです（悪い場合も同様です）。

　ちなみに、このように面接全体を通じて面接官は受験者を評価しますが、面接官によって大きく評価が異なることはありません。それは、面接官はベテラン職員なので、評価基準に大きなブレがないためです。

面接の基礎知識

1 必ず想定問答を作成する

再質問、再々質問も予想したうえで、
答えを準備

2 服装のチェック

必ず面接直前にはトイレの鏡などで確認

3 入室から退室までの所作

所作を間違ったからと言って、
大きな減点になることはないので、
神経質になる必要はない

4 面接中の姿勢

着席からしばらくすると、
だんだん股を開いたり、足を投げ出したりする
受験者がいるので注意する

● 想定問答は必ず作成する

本項では、面接の基礎について整理します。

第一に、必ず想定問答を作成することです。2章でも述べましたが、面接では想定問答はとても重要です。面接時に面接官が見ているシート（エントリーシート、アピールシート、面接シートなど）の記入項目と回答内容を踏まえ、面接官からどのような質問がされるのか、またそれにどのように答えるのかという問答形式の文章にしておきます。また、面接官は1つの質問に対して深く掘り下げてきますので、再質問、再々質問も予想したうえで、答えを準備します。

第二に、服装のチェックです。まず、クールビズと指定されたら、クールビズで構いません（自治体がクールビズでよいと言っているのに、クールビズで来た受験者を減点することはありません）。また、シャツがヨレヨレだったり、乱れていたりしていては、面接官も受験者の真剣さを疑ってしまいますので注意してください。さらに、待ち時間の間に服や髪が乱れてしまうことがありますので、必ず面接直前にはトイレの鏡などで確認してください

なお、社会人・経験者の面接で、胸に社章をつけていたり、携帯電話やペンを胸ポケットに入れたままの受験者がいます。これは、やはり違和感があります。あくまで採用のための面接試験ですので、注意してください。

● 面接中にだんだん姿勢が乱れる

第三に、入室から退室までの所作です。一般的には、次のような流れになります。受験者がドアをノック→「どうぞ」の声→ドアを開け、「失礼します」と言って入室→面接官に向かい受験番号、名前そして「よろしくお願いします」と言う→面接官から着席を促されたら座る、が通常の流れです。

面接前に、担当職員から一連の流れについて説明されることもありますので、その場合にはその指示に従ってください。受験番号や名前を言うタイミングを気にする受験者もいますが、これらの所作を間違ったからといって、大きな減点になることはないので、神経質になる必要はありません。

第四に、面接中の姿勢です。着席からしばらくすると、だんだん股を開いたり、足を投げ出したりする受験者がいますので注意してください。最初は緊張していても、時間の経過と共に姿勢が乱れてしまうのです。また、手は膝の上に置くのが一般的ですが、一所懸命に話すあまり、身振り手振りをつけて話す人がいます。しかし、それは問題ありません。それだけ真剣に話していることが面接官にもわかります。

面接中は「明るく、ハキハキ答える」が大原則

面接官が困る受験者の例

1　暗記していることをそのまま答える

暗記したことを話す場合でも、
面接官の目を見るなど、
コミュニケーションに注意する

2　沈黙してしまう

答えるのが難しいのであれば
「少し時間をいただいてもよいですか」
など、面接官に一言断る

3　真面目過ぎる、または暗い印象を受ける

情緒的なつながりが感じられないと、
やはり面接官は一歩引いてしまう

● 面接官と良好なコミュニケーションを

　次に、実際の面接に入ってからについてです。まず、面接中の大原則は「明るく、ハキハキと答える」ことです。これは、本当に重要ですので、忘れないようにしてください。会話はキャッチボールで、リズムが大事です。しかし、これができていない受験者が多いのです。実際には、次のようなケースです。

　第一に、暗記していることをそのまま答えようとするものです。面接官が受験者に志望理由を質問すると、受験者は遠くを見つめて、暗記してきた内容を抑揚なく語り続ける。そんなことを、何度も経験してきました。暗記のテストではないのですから、これは本当に勘弁してほしい、というのが面接官の本音です。

　仮に、暗記している内容を話すのであっても、面接官の目を見て語りかけなければ、コミュニケーションとは言えません。受験者としては、暗記したことを完璧に再現したつもりかもしれませんが、面接官に気持ちが通じなければ意味がありません。

　第二に、沈黙してしまうことです。特に、難しい質問でもないのに、受験者が質問に答えられずに、押し黙ってしまうことがあります。真面目な受験者や、緊張し過ぎている場合に多いのですが、「完璧に答えよう」、「ミスしないように」と意識するあまり、言葉が出てこないのです。

　これも、面接官にとっては困ります。会話のリズムが断絶してしまうからです。仮に、答えるのが難しいのであれば「少し時間をいただいてもいいですか」など、面接官に一言断るなどの配慮をしましょう。

● 真面目だからよいというわけではない

　第三に、真面目過ぎるまたは暗い印象を受けることです。受験者は真面目に答えているのですが、真面目すぎて感情的なつながりが感じられない、または人柄が見えてこない、などのケースがあります。これは「きっと人間性は悪くないんだろうけど、コミュニケーション能力がちょっと…」ということを感じさせてしまうのです。

　面接官としては、受験者が職員になった場合、職場の仲間として一緒に仕事をやっていけるかという視点で見ています。自分が気に入るか気に入らないかということでなく、情緒的なつながりが感じられないと、やはり一歩引いてしまいます。この意味からも、明るさはとても大事なのです。

圧迫面接や意地悪な質問にもめげない

圧迫面接等が実施される背景

1. 面接シートの内容では物足りない場合
2. 受験者の性格を見極めるため
3. 受験者が横並びの場合

圧迫面接等への対応方法

1. 慌てないこと
2. 相手の質問に即答しないこと
3. 質問に答えられなければ、「わかりません」と答える

● なぜ圧迫面接等を行うのか？

面接中、受験者が最も苦労するのは圧迫面接・意地悪な質問への対応だと思います。まず、なぜこうした圧迫面接や意地悪な質問が行われるのか、その理由を整理しておきたいと思います。

第一に、**面接シートの内容では物足りない場合**です。これは以前に述べましたが、面接シートが戦略的かつ完璧に書いてあると、受験者は面接対策も十分に行っていると考えます。このため、あえて圧迫面接などを行い、受験者に揺さぶりをかけ、本音を引きだそうとするのです。

第二に、**受験者の性格を見極めるため**です。わざと質問で受験者を追い詰めて、この受験者がどのような反応をするのか、見極めるのです。このとき、受験者が感情的になったり、逆上したりしては、「ストレスに弱い」と判断されてしまいます。焦らず、冷静に対応することが大事です。

第三に、**受験者が横並びの場合**です。受験者にあまり差がないと思われる場合でも、面接官は受験者に優劣を付けなければなりません。しかし、一般的な面接シートに基づいた面接だけは差がつかないことがあります。このため、わざと圧迫面接や意地悪な質問を行い、受験者の反応を見るのです。

● 圧迫面接等への対応方法

次に、圧迫面接等への対応方法について考えてみたいと思います。

第一に、**慌てないこと**です。先に説明したように、面接官も受験者をいじめようとしているのではなく、必要があって圧迫面接等を実施するわけです。このため、受験者は熱くなったり、ムキになったりする必要はまったくないのです。「あ〜、圧迫面接が始まったな〜」くらいのつもりで考えれば十分です。

第二に、**相手の質問に即答しないこと**です。圧迫面接では、受験者が何か一言答えると、「それは、違うんじゃないですか」、「本当にそれでいいのですか」と面接官は詰め寄ってきます。ここで相手のリズムに乗ってしまうと、かえって答えにくくなりますので、あえて会話のリズムを断ち切りましょう。「今のご質問は、○○という意味ですか？」と逆に聞き直したり、「少し考えてもいいですか」と間を取ったりするなど、一呼吸入れると効果的です。

第三に、**質問に答えられなければ、「わかりません」と答えて構いません**。質問には必ず答えなければならないわけでなく、「勉強不足で、すいません」と謝ってしまうのも手です。答えにならない答えで自分の首を絞めたり、無理に答えて面接官と張り合おうとするよりも、状況はよくなります。

想定質問 1

志望理由は何ですか

社会人・経験者採用試験の受験者の志望理由

多くの人は「公務員は楽」が本音

しかし、それでは合格は困難

そこで…

① 面接用の志望理由を考え、
その理由を理論武装する

② 公務員になったら、
具体的にどのような業務を行いたいのか、
明確にする

● 本音は「公務員が楽だから」?

　ここからは、面接でよく聞かれる質問への対応方法について述べていきます。まずは、必ず聞かれる志望理由です。

　おそらく、**社会人・経験者採用試験の受験者の皆さんは、「公務員のほうが楽」と思って、志望する方が多いと思います**（全員がそうだとは言いませんが…）。残業が少ない、遠方への転勤がない、出世レースとは無縁、身分が安定している、福利厚生が充実している、などいろいろとあると思います。しかしながら、当然のことながら「現在勤務している民間企業よりも、公務員は楽だから志望しました」では、合格は難しいでしょう。

　面接官も、多くの受験者の本音が、そこにあることは十分わかっています。しかし、このような消極的な理由では、面接官としても高評価を与えるわけにはいかないのです。このお互いの本音を認識したうえで、志望理由に回答することが必要です。そこで、次の点に注意してください。

● 出題内容は3種類

　第一に、**面接用の志望理由を考え、その理由を理論武装する**ことです。公務員の志望理由は、本当に「楽」だけでしょうか。職業を選択するためには、単に「楽」だけではないはずです。「営利だけの業務に疑問を感じて、公益の業務に従事したい」、「これまでとはまったく異なった分野で働きたい」、「親の介護で、福祉の重要性を知った」など、何でもよいのです。

　自分の中にある「楽」以外の志望理由を見つけ、それをエピソードや独自の視点を加えて説明できるように理論武装してください。この志望理由が嘘や作り物であると、面接で真剣さが出てきませんので、十分注意してください。

　ほぼすべて面接官は、「なぜ、わざわざ公務員に転職するんだ?」と志望理由に高い関心を持っています。このため、しつこく聞いてきますので、薄っぺらな志望理由では、論破されてしまうのです。

　第二に、**公務員になったら、具体的にどのような業務を行いたいのか、明確にする**ことです。「ぜひ、市役所の職員になりたいです。しかし、市職員としてやりたい仕事はありません」では論理的に矛盾しています。

　例えば、「自分は木材業者に勤めていたが、本市の林業全体の活性化が重要だと痛感した。だから、ぜひ林業に関する業務に従事したい」のように、志望理由がストーリーとして成立していると、面接官への説得力は高まります。面接官がありありとその姿をイメージできるようにしてください。

想定質問 2
今の勤務先を辞められますか

面接官としては「本当に退職して、公務員になるのか」と疑問に感じる

例年辞退者がいるため、面接官は不安に感じている

退職に関して、面接官に伝えること

① 慰留される可能性とその対応について説明する

② 退職までのスケジュールを明確にする

● 自治体は合格者の辞退を恐れている

社会人・経験者採用試験の場合、受験時に受験者がまだ正社員として勤務していることがあります。このため、**面接官としては「本当に退職して、公務員になるのか」と疑問に感じる**ことがあります。

なぜなら、この社会人・経験者採用試験に合格しても、「やはり、今の勤務先で働きます」と辞退する人がいるからです。転職はその人にとって一大事ですから、やはりぎりぎりのところで転職に躊躇してしまうことは結構あるものです。特に、勤務先が大企業などの場合はなおさらです。

また、面接では、勤務先でどのような成果を挙げてきたのかを聞きますが、その際に「上司や同僚から期待されている」などと受験者が言うと、「そんなに期待されているなら、慰留されるのでは」と考えます。

自治体としては、定年退職者の数などを勘案して必要数を精査して合格者数を決めますので、辞退者が多いのは困るのです。このため、受験者の真剣さを確認するのです。そこで、次の点に注意してください。

● 現勤務先を退職することに問題はないことを説明する

第一に、**慰留される可能性とその対応について説明**してください。例えば、「現在の勤務先では、毎年、一定数の転職者がいるため、強く慰留されて退職できないということはありません。私の場合も問題ないと思います」などと退職に問題がないことを、理由を添えて説明するようにしてください。

なお、少しでも現勤務先に残留する可能性があるのであれば、「上司に強く慰留されると思うのですが、私としては退職するつもりです」と何となくぼやかしておくとよいかもしれません。

第二に、**退職までのスケジュールを明確にする**ことです。例えば、10月に合格発表、11月に会社に退社の意思を伝える、12月から３月まで後任者への引継ぎなど、スケジュールを伝えると面接官は安心します。

このスケジュールが明確でないと、面接官は「きちんと転職について考えていないのでは」、「実は、ただ受験だけはしておこう、という程度なのかも」と考えてしまいます。

なお、面接では「公務員試験を受験していることを、今の勤務先に伝えていますか」と聞くことがあります。これも受験者の本気度を聞くためのものです。しかし、受験時点では、合格できるかどうかわからないのですから、受験することを勤務先に伝えていなくてもまったく問題ありません。

想定質問 3
これまでの実績について述べてください

この質問の意図は…

① これまでにどのような実績を挙げてきたのか

② その実績は、公務員としてどのように活かせるのか

③ その実績から受験者は何を学んだと考えているのか

実績の選び方

① できるだけ学生時代のものでなく、社会人・経験者としての実績にすること

② その実績が、公務員として具体的にどのような場面で役立つのかを説明できること

● この質問の意図を十分理解する

この質問をする面接官の意図は、①この受験者はこれまでにどのような実績を挙げてきたのか、②その実績は、公務員としてどのように活かせるのか、③その実績から受験者は何を学んだと考えているのか、などがねらいです。

このため、「苦労の末、○○社のミニカーを全種類揃えることができました」、「これまでなかなかできなかった、ジグソーパズルを完成させたことです」などのような答えでは、受験者は質問の意図を理解していないことになります。そこで、どのような実績を選ぶのかについて整理したいと思います。

第一に、**できるだけ学生時代のものでなく、社会人・経験者としての実績にすること**です。これまで述べたように、社会人・経験者枠で採用された人は、即戦力となることが期待されています。このため、学生時代の内容よりも、組織人としての実績のほうが、面接官への説得力は高まります。

学生時代の実績がすべてダメというわけではありません。ただし、それなりのインパクトのある内容（大学選手権で優勝したなど）や、客観性の高いもの（英検1級を取得したなど）が求められます。

● 公務員として、今後どの場面でその実績が活かせるのか

第二に、**その実績が、公務員として具体的にどのような場面で役立つのかを説明できること**です。例えば、「自分は社会人1年目の際、毎日朝早く出勤し、職場の清掃を行ってきました」を実績としたとします。確かに、それは立派なことかもしれませんが、公務員になった際に何かに役立つかというと、大いに疑問です。

仮に、「顧客からの激しいクレームに対して、感情的にならず冷静に対応することができた。この実績は、住民対応に活かすことができる」のように、面接官にとってその場面がリアルに想定できるほど、具体的であることが望ましいのです。「上手くプレゼンができ、契約を勝ち取った」が実績ならば、それがどのように公務員として活かせるのかを述べてください。単に「私は、これを成し遂げました」だけではアピールとして弱いのです。

注意してほしいのは、最初の質問が「これまでの実績について述べてください」だったとしても、その後には「それが公務員としてどのように活かせるのか」という質問が控えていることです。また、場合によっては、「その実績から、あなたは何を学びましたか」と聞かれることがあります。この場合も、個人的感想でなく、公務員としてどう役立つのかがポイントです。

想定質問 4

これまでの経験が公務員としてどう活かせますか

実際の面接で、どのように話すか？

1 面接シートなどに記載していないネタを用意

「面接シートに書いてあるとおりです」
では会話は広がらない

2 具体的なエピソードを準備する

経験には必ず何らかのエピソードがある。
この内容を面接官にきちんと伝わるように、
エピソードの内容をまとめておく

3 客観的評価に注意

経験は独善的・独りよがりのものでなく、
客観性があったほうが、
面接官への説得力は高まる

● 面接シートに書いた以外のネタを準備

2章のエントリーシートの書き方などでも、自分のアピールポイントや経験・実績などの見つけ方などについて説明してきました。ここでは、面接シートでそうした経験・実績をすでに記入したうえで、実際の面接でどのような点に注意すべきかについて説明したいと思います。

第一に、**実際の面接では、面接シートなどに記載していないネタを用意する**ことです。面接を行っていると、時々「自分の長所は、面接シートに書いたとおり、明るいことで…」、「シートにありますが、会社のプレゼンで…」など、話す内容が面接シートに書いてある範囲内だけの受験者がいます。

これは、面接シートに事細かに内容を記載していまい、実際の面接ではそれを超える内容が何もないのです。これでは、面接官としては「読めばわかるよ」、「シート以外の話題はないの？」と思ってしまいます。せっかくの面接の機会なのですから、「シートに書いてあるとおりです」では会話は広がりませんし、受験者の人柄もわかりません。これでは、困ります。

このため、想定問答では、面接シートの内容を踏まえたうえで、どのような質問が出てきそうなのかを予想し、新たなネタや話題を提供して、話を盛り上げてください。こうすると、面接官への説得力も高まります。

● エピソードと客観的評価

第二に、**具体的なエピソードを準備すること**です。「これまでの経験」が問われているのですから、その経験には必ず何らかのエピソードがあるはずです。この内容が面接官にきちんと伝えられるように、エピソードの内容をまとめておいてください。

エピソードを短時間で相手に伝えるのは、結構大変です。このため、先の想定問答作成の際に、どのようにまとめれば短時間で相手に伝えられるか、表現などを十分精査してください。

第三に、**客観的評価に注意**してください。「経験」を公務員の職務に活かすのですから、その経験は独善的・独りよがりのものでなく、ある程度の客観性があったほうが、面接官への説得力は高まります。

具体的には、上司に「このプロジェクトが成功したのは、君のおかげだと言われた」、「顧客から、『本当に助かった』との言葉をいただいた」という個人的なものから、社内で表彰された、課内で営業成績が1番になった、など具体的な評価まで、いろいろと考えられます。

想定質問 5

これまでに失敗したことについて述べてください

この質問の意図は…

1. 実際に失敗した内容は何か
2. その失敗にどのように対応したのか
3. その失敗から何を学んだのか

面接で話す「失敗」の選び方

1. 学生時代の失敗でなく、社会人・経験者としての失敗を選択すること

2. 失敗が失敗で終わらず、失敗から学び・気づきがある内容であること

● 組織人として失敗したことのほうが望ましい

　この質問も、過去の経験について問うものです。この質問の意図としては、①実際に失敗した内容は何か、②その失敗にどのように対応したのか、③その失敗から何を学んだのか、などがあります。

　以上を踏まえ、失敗の内容を選択する必要がありますが、当然のことがら、犯罪（横領、セクハラなど）や人格が疑われるような内容（酔っぱらって相手に迷惑をかけたなど）は困ります。いくら失敗であっても、やはりその内容については、事前に選択することが必要です。そこで、失敗の選び方（？）を考えてみましょう。

　第一に、学生時代の失敗でなく、社会人・経験者としての失敗を選択することです。仮に、受験者が「学生時代、サークルの人間関係がこじれて、けんか別れしてしまった」を挙げたとしても、面接官としては「どうせ学生時代の失敗でしょ」と考えてしまいます。社会的責任ある社会人や経験者とは異なり、学生時代の失敗は、やはり学生の失敗にすぎず、リアルさに欠けてしまうのです。

　それよりも、業務で失敗した内容のほうが、公務員として働いた場合に役立ちます。また、組織人としての失敗ですので、他者へどのようにフォローしたのかも関係するからです。

● 失敗から学び・気づきがあること

　第二に、失敗が失敗で終わらず、失敗から学び・気づきがある内容であることです。つまり、面接として「こんな失敗がありました」で終わらず、「この失敗から、こうした学びや気づきがありました。それを公務員になったら活かしていきます」というように、失敗というマイナス要因を、自己アピールであるプラス要因に変えていけることが大事なのです。

　例えば、「与えられた仕事に集中しすぎて、周囲の人と進捗状況を確認していなかった。商品の納期が来て、初めて周囲の進捗と異なっていることがわかり、混乱に陥った。この失敗から、日頃のコミュニケーションの重要性を痛感した」のようなストーリーであれば、失敗話を自己アピールの道具として使うことができます。

　ただ、そのストーリーがきれいすぎる、できすぎていると、面接官は「この話は本当かもしれないけれど、作りこんでいるな」と疑ってしまいます。このため、失敗の内容にも十分なリアルさが求められます。

想定質問 6

公務員に転職せず、このまま勤務したほうがよいのでは

この質問が発せられる理由

面接冒頭の志望理由が、
面接官として納得できるものであれば、
このような質問はしない

受験者としての対策

① このような質問が出ないよう、
志望理由を面接官が納得できる内容に
仕上げておく

② 「できる自分」が「今の勤務先」よりも
「公務員に適している」理由を見つける

● 面接官は、受験者の「公務員になりたい」本音を引き出したい

「公務員に転職せず、このまま勤務したほうがよいのではないですか」との面接官の質問は、次のようなときに発せられます。それは志望理由で公務員になりたい理由を聞き、その後、社会人・経験者としての実績を聞き、さらに自己アピールを聞いた後です。ここまで聞くと、「そんなに実績や自己アピールできることがあるのなら、わざわざ公務員にならず、そのまま勤務したほうがよいのでは」という純粋な面接官の疑問です。

もちろん、「そうですね、では、このまま勤務します」などと受験者が言わないことは、面接官も百も承知です。それにも関わらず、先の質問をするのは、「公務員になりたい」という熱い思い・本音を引き出したいからなのです。別な言い方をすれば、**面接冒頭の志望理由が、面接官として納得できるものであれば、このような質問はしないでしょう**。志望理由に満足していないからこそ、こうした質問で受験者の意志を確認したいのです。

●「今の勤務先」よりも「公務員になったほうがよい」理由

では、受験者としてどう対応するのが望ましいでしょうか。

第一に、**このような質問が出ないよう、志望理由への答えを面接官が納得できる内容に仕上げておくこと**です。これまでも述べたように、基本的に面接官は「民間企業で忙しいから、転職したいのだろう」、「受験者は公務員が楽だと思っている」と考えており、生半可な志望理由は信じていないのです。

このため、志望理由はこれまでの経験やエピソードなどを絡めて、面接官が納得できるように、十分に練り上げておくことが必要です。

第二に、**「できる自分」が「今の勤務先」よりも「公務員に適している」理由を見つけること**です。先に述べたように、この質問は志望理由と自己アピールの後で聞かれます。このため、面接官は「そんなに優秀なあなたが、今の勤務先を辞めて公務員になる理由」を求めているわけです。

このため、受験者としては、「公務員のほうが適している」または「自治体のほうが、現勤務先よりも能力が発揮できる」理由などを説明する必要があるのです。これがあいまいだと、面接官はやはり受験者のことを疑ってしまいます。受験者としても、難しい質問かもしれませんが、何とか答えをひねり出す必要があるのです。なお、この際、「現在の勤務先は上司が強引で、自分の能力を発揮できません」などのように、勤務先を否定するのはダメです。これでは、単に今の仕事が嫌だから転職したいだけに聞こえてしまいます。

想定質問 7

民間と自治体で働くことの違いを述べよ

社会人・経験者は、
組織人のルールや業務遂行能力は
身に付けているかもしれないが、
公務員としての適格性を
有しているかは不明

具体的には…

① 公平性・公正性

② 公務員としての服務規律

● 公務員としての適格性が問われる

　社会人・経験者の受験者であれば、組織人としてのルールを身に付けており、また業務遂行能力もあると、一般的に面接官は思っています。それは、すでに民間企業などで採用されたということは、企業などから一定程度の基準をクリアしていることが証明されていると考えるからです（ちなみに、不可解な退職の記録があると、そこに疑問を持ち、退職の具体的な理由などを聞き出そうとします。これは、何らかの理由で自己都合退職に追い込まれたのでは、などと判断するためです）。

　しかし、公務員として働いた経験がないのが普通ですから、そうした社会人・経験者でも、公務員としての適格性を有しているか否かは面接官もわかりません。このため、この適格性を検証するため、このような質問をしてくるのです。このため、表記の質問については、「自治体は、民間企業と異なり公平性・公正性が求められること」、「公務員は企業の従業員と異なる、服務規律が求められること」について説明する必要があります。

● 公平性・公正性と服務規律

　そこで、両者について説明したいと思います。

　第一に、公平性・公正性です。例えば、民間企業であれば、自己の利益を第一に考えても、基本的には問題ありません。例えば、自社の商品を大量に購入してくれる顧客に大幅な割引を行うようなケースです。しかし、自治体では、特定の住民や地域だけが有利になるような事業を実施することはできません。こうした点を理解しているかが問われるのです。

　ちなみに、公平性・公正性に関連して、事例問題で問われることがあります。例えば、上司から、「市内に住む芸能人の課税状況を知りたいから、端末で探して印刷してくれ」と言われたとします。これは、一般的には上司の命令に従う義務があるのですが、不正な指示には断固として拒絶することの必要性を理解しているのかを検証するのです。

　第二に、公務員としての服務規律です。例えば、悪口などをネットに書き込むなど、公務員として信用を失墜するような行動をしない、職務上知り得た秘密を勝手に漏らさない、政治的団体の役員にならない、などがあります。

　このようなことは、一般の民間企業では問題ないこともありますが、公務員であれば、場合によってはその身分を失うこともあります。このように、公務員ならでは服務規律についても理解しているかが問われます。

想定質問 8

どこまで出世したいですか

この質問がなされる理由

最近の自治体職員には出世意欲があまりなく、昇任しようと考える職員が減少している

面接官は、受験者の出世に対する考えを知りたい

しかし、まだ働いていないので、「出世したい」が答えでなくてもよい

回答パターン

① 「できるところまで昇任したい」

② 「出世することは考えていません」

③ 「働いてから考えます」

● 最近よく聞かれる質問

この質問も、最近はよく聞かれる質問の1つです。この質問がなされる背景には、**最近の自治体職員には出世意欲があまりなく、昇任しようと考える職員が減少している**ことがあります。「たいして給料も上がらないのに、責任だけ重くなる係長や課長になるのは嫌」と考える職員が多いのです。

このため、かつて係長や課長になるために試験（論文や面接など）があった自治体でも、試験を廃止して指名制にしたところもあるくらいなのです。こうした背景があることから、受験者がどの程度昇任したいと考えているのかは、面接官も知りたい情報の1つなのです。ただ、結論から言えば、この質問に正解はありません。まだ、働いていないのですから、受験時に態度を決められないのは当然のことです。このため、自分の考えを率直に伝えて構いません。以下に回答パターン別に注意点を考えてみましょう。

なお、こうした質問に対応するため、自治体の任用制度（係長や課長等のポスト体系や昇任試験の有無など）は、一応調べておいたほうがいいでしょう。

● 回答別の注意点

第一に、**「できるところまで昇任したい」**との回答パターン。これは、面接官にとっては好印象です。先に述べたように、係長や課長の成り手が少なくて自治体としても困っていますので、渡りに船です。また、受験者のやる気も感じられますので、高評価につながる可能性も高いと思われます。

ちなみに、最近、社会人・経験者採用枠で職員になった者は、昇任することをためらうことが少ないようです。これは、「民間企業の出世レースから考えれば、公務員の出世はとても楽」、「定期昇給だけでは給料は厳しいので、出世して少しでも給料を増やしたい」などの思惑があるようです。

第二に、**「出世することは考えていません」**との回答パターン。これは、やや消極的な印象を受けます。しかし、実際の公務員には出世しなくても定年まで安定した職があればそれで十分、と考える人も少なくありません（人数としては女性に多いのですが、男性も少なくありません）。このため、この答がマイナス評価になるとは言えないのですが、なぜそう考えるのかの説明は必要です（専門職だから、家庭とのバランスを考えたいなど）。

その他、**「今は出世のことまで考えていません。働いてから考えます」**も答えとしてはあり得ます。まだ、働いていないのですから、一通りのことを理解してから考えるという職員は、実際に多くいますので問題ありません。

想定質問 9

あなたを採用したほうがよい理由を教えてください

この質問の意味は…

単に自己アピールを聞きたいのではなく、
自治体のニーズを踏まえたうえで
自己アピールができるかを、知りたい

この質問への対応方法

① 自治体ニーズを把握する

ニーズは、各種行政課題と一般的な業務遂行に関連するものの
2種類

② 自治体ニーズと自己アピールを掛け合わせて、実際に活躍できる場面を具体化する

具体化できれば、面接官への説得力は高まる

● 自治体ニーズ×自己アピール

この質問は、単に自己アピールを聞く質問とは異なります。自治体のニーズを踏まえたうえで、自己アピールでできるかという、自治体ニーズと自己アピールを掛け合わせた質問になっています。このため、この質問の回答としては、実際に自治体のどのような場面や部署で、あなたが活躍できるのかを説明する必要があります。

例えば、現職がSEやプログラマーであり、受験する自治体の情報システム関連を熟知しているならば、「ポータルシステムを構築し、職員のスケジュールや電子ファイルの共有化を図ることによって、業務を効率化します」や「電子決裁システムを構築して、ペーパーレス化を図るとともに、適切な公文書管理を実現します」のようにアピールすることができます。

このように、実際の自治体ニーズを事前に把握し、それに対して実績や自己アピールで答えることができれば、非常に強い武器になります。

● 自分が活躍できる場面を具体化する

しかし、多くの受験者はここまで専門的な内容で答えることは難しいかもしれません。そこで、この質問にどのように答えたらよいか、考えを整理してみたいと思います。

まずは、自治体ニーズを把握することです。ニーズは、各種行政課題と一般的な業務遂行にかかるものがあります。前者は、防災、環境、観光、広報、子育てなど自治体の各分野にかかるもので、後者は業務改善、リーダーシップ、事務の効率化、住民対応（クレーム対応、接遇、ニーズ把握など）など、どこの職場であっても共通の事項です。前職などが直接自治体の業務に結びつかない場合は、後者のほうがわかりやすいかもしれません。

次に、自己アピールポイントと先の自治体ニーズを掛け合わせ、どのように活躍できるのかを具体化することです。先のITの例であれば、システムを構築している姿が想像できますが、専門性がない場合は、先の業務遂行にかかるものにします。そこで、リーダーシップを発揮したり、クレーマーに上手く対応していたりすることを想定するのです。これが武器になります。

理想を言えば、面接シートに自己アピールや実績を記入する際、上記のように考えたうえで記入することが望ましいのです。面接官からすれば、ここまで具体的であれば非常に説得力のあるものとして映ります。

想定質問 10

本市の最大の行政課題は何だと思いますか

この質問の答えは1つではなく、さまざまな課題が「最大の行政課題の1つ」になり得る

ただし、何でもよいわけでなく一定の範囲はある

1 首長の所信表明や議会招集挨拶
2 直近の予算案の概要やプレス発表資料
3 広報紙や自治体ホームページ

などで自治体の行政課題を把握しておくことが重要

「本市の最大の行政課題は何だと思いますか」の後には、

1 「なぜ、それが最大の行政課題と思うのですか」
2 「その課題に対してどのように対応したらよいと思いますか」

…と第二の質問が来ることが一般的

それを踏まえて「最大の行政課題」を選択する

● 最大の行政課題は１つではない

この質問も、よく聞かれます。受験者の自治体に対する認識を問うものです。「最大の行政課題」などと質問されると、いかにも正解は１つのように考えてしまう受験者もいますが、この質問の正解は１つでありません。

そもそも、自治体は少子高齢化、地域活性化、健康対策、子育て支援、環境対策、教育など、幅広い分野の業務を行っています。このため、**「最大の行政課題が１つ」などということはなく、いろいろな課題が「最大の行政課題の１つ」になっている**のが実態なのです。

しかし一方で、この質問の回答が何でもよいというものではありません。例えば、受験者の回答を聞いて、面接官「それが、本市の行政課題？」と疑問に思ってしまうようなものも、当然あります（例えば、窓口の定型業務など）。つまり、面接官からすればとても最大の行政課題とは言えない内容なのです。これでは、受験者の見識を疑ってしまいます。

こうした事態を避けるためには、**受験者としては、①首長の所信表明や議会招集挨拶、②直近の予算案の概要やプレス発表資料、③広報紙や自治体ホームページ、などで自治体の行政課題を把握しておくことが重要です。**

● 必ず第二の質問がある

また、面接では単にこの行政課題を聞いて質問が終わるのではなく、**「なぜ、それが最大の行政課題と思うのですか」、「その課題に対してどのように対応したらよいと思いますか」と第二の質問が来る**ことが一般的です。このため、それに対応する回答も重要となります。

受験者の立場からすると、この第二の質問が来ることを見据えたうえで、「最大の行政課題」を選ぶ必要があります。「なぜ、それが最大の行政課題と思うのですか」、「その課題に対してどのように対応したらよいと思いますか」の質問に答えられない行政課題を選んではいけません。

なお、「なぜ、それが最大の行政課題と思うのですか」に対しては、住民への影響の大きさ、時代的な背景などを踏まえて答えることになります。一方、注意するのは「その課題に対してどのように対応したらよいと思いますか」です。ここで、あまり受験者の独特な答えや突拍子もない答えは NG です。

そもそも、最大の行政課題は、すぐに解決できるようなものではなく、それこそ自治体が腰を据えて対応している、困難な課題なのです。現在、当該自治体が実施している対応策を踏まえて、答える必要があります。

想定質問 11

本市の行政運営において、改善すべき点について述べてください

この質問の意図は…

民間企業などの自治体の外にいる人から、自治体はどのように見えているのかを知りたい

⬇

面接での失敗例

行政批判、自治体批判をしてしまう受験者がいる

⬇

回答にあたっては…

① 行政もその課題に対して取り組んできたが、あと一歩足りない点を指摘するという姿勢

② 勤務している企業での取組みなどを踏まえて、具体的な提案ができると説得力がある

③ 民間企業と自治体の性格の違いを十分認識することも必要

● 行政批判にならないように注意する

民間企業経験がある受験者に対して、このような質問がされることがあります。これは、**民間企業などの自治体の外にいる人から、自治体はどのように見えているのかを知りたい**という面接官（つまりは自治体職員）の思いがあるからです。ただ、面接官の興味本位ということではなく、民間企業と自治体の違いを知りたいのです。

しかし、この質問が出された時には、注意が必要です。それは、「お役所仕事で非効率です」のように**行政批判、自治体批判をしてしまう受験生がいる**からです。自治体の改善点を聞かれているわけですから、現状では不十分な点、不足している点を述べることは当然必要です。しかし、いい気になって延々と批判をしていたら、面接官だって良い気持ちにはならず、合格は難しくなってしまいます。

● 行政も対応してきたが、あと一歩足りない点を指摘する

そこで、この質問の回答としては、**「行政もその課題に対して取り組んできたが、あと一歩足りない点を指摘する」**という姿勢が望まれます。行政の取組みを一定程度評価しつつ、更なる改善点を提案するわけです。

例えば、効率性について「自治体もアウトソーシングを進めて効率化を図ってきたが、まだ民間委託できる分野がある」、「これまでも IT 化を促進してきたが、AI や RPA などを導入すれば、更なる業務の効率化が可能となる」のように自治体のこれまでの取組みを踏まえた上で、更なる改善点を提案すると良いでしょう。

民間企業に勤めているのであれば、勤務している企業での取組みなどを踏まえて具体的な提案ができると、より説得力のある提案となります。例えば、自社で在宅勤務やテレワークが導入されているのであれば、通勤の縮減による交通費の削減、社員のモチベーションアップなどのメリットが説明できます。身近な例を用いて説明すれば、面接官も大いに納得するはずです。

ただし、民間企業などで導入されていれば、何でも自治体に導入すれば良いというわけではありません。在宅勤務で同じ生産性を確保できれば良いのですが、例えば、窓口業務は住民と直に接するのが仕事ですから、そもそも導入が難しいかもしれません。また、住民目線で考えると、「税金を使って働いているのに、家で仕事なんて」と批判する住民もいるかもしれません。このように、民間企業と自治体の性格の違いを十分認識することも必要となります。

集団面接

集団面接とは?

複数の受験者を1回の面接で評価する方式
1 個別面接を順番に行うもの
2 同じ質問をそれぞれの受験者に問うもの
3 受験者が互いの回答について考えや意見を述べるもの
…などの方式があり、自治体によって内容は異なる

本書では、以下のように整理
集団面接
・受験者が互いの回答について考えや意見を述べるもの
・面接官がテーマについて受験者に質問するもの
集団討論・グループワーク
・面接官がテーマを提示するだけで、あとは受験者が自主的に議論を行うもの

集団面接の注意点

1 他の受験者と回答が似ていても、自分の意見を加える

2 他人の意見を覚えておく

3 他人の意見を無闇に否定しない

➡ 集団面接では、他の受験者と比較されることがポイント

集団面接の質問例

時間：30〜60分程度
面接官：3 〜 5 人程度
受験者：3 〜 6 人程度

【質問方式】

❶ 1 つの質問に対して受験者が順番に答えるパターン。

「〜〜について、A さんから順番にどうぞ」

❷ 面接官がランダムに指名するパターン。

「〜〜について、B さんはどう思いますか／D さんはどう思いますか」

❸ 答えの準備ができた人から挙手をさせるパターン。

「〜〜について、意見のある方は挙手してください」

❹ それぞれの意見について討論させるパターン。

「先ほど〜〜についての意見をみなさんに述べてもらいましたが、A さんの意見について、B さんはどう思いますか」

【質問内容】

「1 分間で自己紹介してください」

「志望理由は何ですか」

「長所・短所は」

「これだけは人に負けないという強みは何ですか」

「今までの経験の中で、自分を成長させてくれたものは何ですか」

「当市の職員として働くことの魅力はなんだと思いますか」

「今まで環境が変わったときに自分なりに工夫したことは何ですか」

「民間と公務員の違いは何ですか」

「最近うれしかったことは何ですか」

「自分の性格を一言で表すと」

「これまでのキャリアを100点満点で採点すると何点ですか。その理由も」

「県職員として取り組みたい施策は何か。これまでのキャリアや専門をその施策にどう活かしますか」

「外国人労働者の受け入れについてどう考えますか」

● 集団面接と集団討論・グループワークの区分

　ここからは、個別面接ではない面接について説明します。実際の面接では、集団面接、集団討論、グループワークなどと呼ばれていますが、その内容は同じ名称であっても異なることも、名称が異なっても同じ内容であることもあります。そこで、本書では以下のように整理しますが、皆さんは受験する自治体の試験内容に応じて、適宜読み替えてください。

　まず、集団面接です。集団面接は、複数の受験者を1回の面接で評価する方式です。この場合、①個別面接を順番に行うもの、②同じ質問をそれぞれの受験者に問うもの、③受験者が互いの回答について考えや意見を述べるもの、などに分類されます。①、②については、これまで説明してきた個別面接と実質的には変わりませんので、ここでは③を集団面接として解説します。

　集団面接は、受験者は3～6人程度、時間は30分～1時間程度です。手順としては、①面接官がテーマを与える、②受験者は一定時間テーマについて考える、③面接官がテーマについて受験者に質問する、という流れが一般的のようです。なお、面接官がテーマを提示するだけで、あとは受験者が自主的に議論を行うものは、本稿では集団討論・グループワークとし、後述します。

● 集団面接での実際と注意点

　実際の集団面接と注意点は、次のようになります。テーマが「人口減少対策について」で、受験者が5人（A～E）いたとします。面接官は最初にテーマを示し、受験者に考える時間を与えます。その後、受験者に「あなたが考える人口減少対策を述べてください」と言い、一人ずつに答えさせます。

　このとき、後に答える受験者は、前の受験者が答えてしまっているので、答える内容がなくなっていきます。ただ、その場合でも「Aさんとほぼ同じですが、私としては○○も行うべきと思います」のように自分の意見を付け加えることが大事です。まったく自分の意見がないのは、考えていないように見られるからです。

　また、他人の意見を覚えておくことが必要です。各受験者が一通り回答した後、「Bさんは△△が有効と言いましたが、これに対してAさんはどう思いますか」のように見解が問われるからです。この場合、無闇に他の受験者を否定するのはNGです。他人の意見に対する評価を述べる際には、よいところは取り入れる、自分の意見に間違いがあれば修正するなども行います。このように、集団面接では他の受験者と比較されることがポイントなのです。

集団討論・グループワーク

【集団討論の例】
経験者採用試験（係長級〈事務〉）における人事院発表の「政策課題討議試験」

・課題に対するグループ討議によるプレゼンテーション能力やコミュニケーション力などについての試験

・実施方法
1. 6人1組のグループを基本として実施
2. レジュメ作成（20分）
3. 個別発表（1人当たり3分）
4. グループ討議（30分）
5. 討議を踏まえて考えたことを個別発表（1人当たり2分）

※全体でおおむね1時間30分程度

集団討論・グループワークでの注意点

① 積極的に議論に参加すること

② 他の受験者の意見をよく聞き、それを活かすこと

集団討論・グループワークの課題例

【集団討論】

滋賀県（令和3年度）

昨年7月に、九州で豪雨により発生した災害について、新型コロナウイルス感染症対策から、その復旧に協力する災害ボランティアを全国規模ではなく、その災害が発生した県内に限定して受け入れた結果、人出不足により住民の方々の復旧がかなり遅れるという状況が発生しました。そこで、このような場合に、県としてどのように対応すべきかについて討論して、結論としてまとめてください。

香川県（令和4年度）

❶香川県では、南海トラフ地震をはじめとする大規模災害に備え、地区防災計画の策定促進など自主防災組織の活性化や、家具類転倒防止対策等の家庭における防災対策を促進しているところである。大規模災害の発生時に、県民が適切な避難行動をとるためには、より一層の防災意識の向上が必要であるが、県としてどのようにどのように取り組んでいくべきか、あなたの意見を述べ、討論しなさい。

❷香川県では、県民の利便性の向上と行政運営の効率化を図るため、セキュリティ対策にも留意しつつ、行政手続のデジタル化を推進しているところであるが、行政手続のデジタル化を進めていくにあたり、その課題と、県としてどのように取り組んでいくべきか、あなたの意見を述べ、討論しなさい。

❸香川県では、県内企業の人材確保に向け、「香川県就職・移住支援センター（ワークサポートかがわ）」において、きめ細かなマッチング支援や合同就職面接会の開催などに取り組んでいるところであるが、求職者に対し、県内企業の情報や魅力を効果的に発信していくためには、県としてどのように取り組んでいくべきか、あなたの意見を述べ、討論しなさい。

（ほか5題あり）

福岡県（令和3年度）

❶新型コロナウイルス感染症への対応をきっかけに、給付金申請時等における行政のオンライン手続の不具合や学校のオンライン教育に必要な基盤やノウハウの不足、テレワークを進めるうえで押印手続等がその支障となるなど、あらゆる分野でデジタル化への課題が浮き彫りとなりました。このような中、政府は、デジタル技術の活用により、一人ひとりのニーズに合ったサービスを選ぶことができる社会の構築、誰一人取り残さない人に優しいデジタル化を進めることを基本方針に掲げ、令和3年5月、デジタル改革関連法を成立させ、9月にデジタル庁が発足しています。　そこで、一人ひとりのニーズに合うサービスを提供するため、どのようなことがデジタル化されると良いか、また誰一人取り残さないために、どのような配慮が必要か、グループで話し合い、一定の結論をまとめなさい。

❷「2019年国民生活基礎調査（厚生労働省）」によると、2018年（平成30年）時点における日本の子どもの貧困率は13.5％ですが、その後、新型コロナウイルスの影響により保護者が経済的に困窮し、厳しい状況に置かれている子どもがさらに増加しているおそれもあります。福岡県は、第2期子どもの貧困対策推進計画（令

和3年度～7年度）において、すべての子どもたちが生まれ育った環境に左右されず、本人の意欲と適性に応じて、教育を受け、職業に就くことで、地域社会を支える一員として活躍できることを基本目標に掲げていますが、この目標を達成するため、具体的にどのような取組みを推進していくべきか、グループで話し合い、一定の結論をまとめなさい。

熊本県（令和3年度）

❶新型コロナウイルス感染症の感染拡大を機に広がったテレワークについて、労働時間の減少や生産性の向上、多様で柔軟な働き方の推進などさまざまな効果が期待されています。しかし、民間調査会社が、令和3年8月に実施した調査によると、熊本県内のテレワーク実施率は、全国平均を下回っています。熊本県として、より一層テレワークを推進していくにあたって、考えられる課題とその対策について、グループ内で討論してください。

❷本県の人口は、平成10年を境に減少傾向にあり、令和元年時点で174.8万人となっています。このまま何も対策を講じなければ、本県の令和42年の人口は約124.3万人となるとの推計もあり、地域経済への広範囲な影響や地域文化や地域コミュニティの維持・存続等にも支障が生じることが懸念されています。そこで、本県に人々を呼び込み、また、本県に人々がとどまるためにはどのような方策が有効か、本県の現状や課題を踏まえ、グループ内で討論してください。

広島市（令和3年度）

❶昨今、国や地方自治体において、本来大人が担うと想定されている家事や家族の世話などを日常的に行っている子ども（いわゆるヤングケアラー）に対する支援に向けた取組が行われている。こうした状況の背景について考察・整理した上で、行政としてヤングケアラーの支援にどのように取り組むべきか討論し、グループとしての考えをまとめなさい。

❷昨今、国や地方自治体において、行政手続のオンライン化が推進されている。こうした状況の背景について考察・整理した上で、広島市として行政手続のオンライン化の推進にどのように取り組むべきか討論し、グループとしての考えをまとめなさい。

❸このグループは、Ａ社が立ち上げた「働き方改革プロジェクト」のメンバーであると仮定する。Ａ社が現在抱えている課題（(1) 人員削減に伴う従業員1人当たりの業務量の増加、(2) 自分の仕事が終わってもすぐに帰れない職場風土、(3) 時間外手当目的の緊急性・必要性が低い時間外労働の横行）を踏まえ、プロジェクトの目的である「従業員の時間外労働の削減」を達成するためにどのように取り組むべきか討論し、グループとしての考えをまとめなさい。

（ほか2題あり）

熊本市（令和3年度）

❶本市では、熊本城の緑と調和した都市の景観整備に取り組んできたところだが、一方で、巨木化、老朽化した街路樹は、通行の安全性や維持管理費用の増加等の問題も生じている。今後、「森の都」と安全で住みやすい都市を両立していくためには、どのような取組が必要か、グループで話し合い、意見をまとめなさい。

❷少子高齢化が急速に進行し人口が減少する中で、働く意欲のある高齢者が、その

能力を十分に発揮できるよう、定年延長等の措置によって、70歳までの就業機会を確保する事業者が増えてきている。このことは、若年者の働き方にも影響を与えると思われるが、今後、若年者から高齢者までさまざまな世代が意欲をもって働ける職場環境をつくるために、どのような取組が必要か、グループで話し合い、意見をまとめなさい。
（ほか1題あり）

【グループワーク】

奈良県（令和3年度）
　近年、全国各地で豪雨等により多くの被害が出ています。また、気象庁は、南海トラフ地震発生の可能性が高まっていると発表しています。そこで、災害から人命を守り、できる限り被害を小さくするために、どのような取組が考えられるか、グループとしての意見をまとめ、発表してください。
（注：取り組む主体は、行政に限りません。）

岡山県（令和3年度）
〔行政職〕新型コロナウイルスの新規感染者が全国で減少しており、感染拡大により落ち込んだ消費の喚起を促すため、買い物や旅行などのキャンペーン開催の動きが始まっています。感染リスクを抑えながら、岡山県内の多くの【分野】を人々が訪れてくれるための新しいキャンペーンをグループで話し合って提案してください。
（キャンペーンは1か所だけでなく、県内各地の複数の場所を人々が訪れるためのものとしてください。）
※【分野】には次のいずれかが入ります。①飲食店　②観光地
〔行政職〕県では、さまざまなライフステージにおいて、全ての職員が仕事と生活を両立しつつ更に活躍できるような職場づくりを目指しています。そのためには改善すべき点や、推進していかなければならないことが多くあります。そこで皆さんは、ワークライフバランスの実現と女性活躍推進の観点から【目標】を達成するために、どのような取組を行っていくべきか、グループで案をまとめて、提案してください。
※【目標】には次のいずれかが入ります。
(1) 男性の育児休暇取得促進
≪現状(R2)：10.8%　目標*(R7)：30%≫
(2) 管理職における女性職員の割合増加
≪現状(R2)：10.8%　目標*(R7)：13%≫
＊「岡山県子育て・女性職員活躍推進計画」における目標

神戸市（令和3年度）
　テレワーク（在宅勤務）については、新型コロナウイルス感染症拡大の影響を受け、改めてその有用性と必要性が見直されています。しかしながら、民間の調査（令和2年11月）によると、正社員のテレワーク実施率は全国平均で24.7%にとどまっています。神戸市では、「新型コロナウイルス感染症対策における神戸市の対応方針」において、テレワーク活用等による出勤者数の削減徹底を呼びかけています。そこで、民間企業のテレワーク実施率を向上させるために、行政はどのような取組みを行うべきか、テレワーク推進に対する課題を整理したうえで、グループで議論し、意見をまとめて発表してください。

● 受験者の自主的な運営に任される

　本書では、集団討論・グループワークは同義とします。グループ討議と言われることもあるようですが、いずれの場合も、集団面接のように面接官は主導せず、受験者どうしが議論を行うことがメインとなっている方式です。

　人事院が公表している資料では、政策課題討議試験という名称で「課題に対するグループ討議によるプレゼンテーション能力やコミュニケーション力などについての試験」とされており、手順が次のように示されています。①6人1組のグループを基本として実施、②レジュメ作成（20分）、③個別発表（1人当たり3分）、④グループ討議（30分）、⑤討議を踏まえて考えたことを個別発表（1人当たり2分）で、全体でおおむね1時間30分程度となっています。

　なお、上記は国家公務員の例ですが、①テーマについてグループで結論を1つにまとめる、②司会・書記・タイムキーパーなどの役割分担を決める、③討論の具体的方法などは試験当日に指示される、などいろいろなパターンがあります。ただ、いずれにしても受験者の自主的な運営に任されます。

● グループへの貢献が大事

　集団討論・グループワークでの注意点は、次のとおりです。

　第一に、**積極的に議論に参加する**ことです。仮に司会役でなくても、結論を導くため、積極的に議論に参加することが求められます。全然発言しないのでは、評価につながりません。反対に、自分の意見だけを主張したり、自分の意見がなく単に他の意見に追従したりする態度はNGです。

　この集団討論・グループワークの評価の基準は、どのようにグループに貢献したのかです。自分の意見が、どの程度取り入れられたかではありません。

　第二に、**他の受験者の意見をよく聞き、それを活かす**ことです。自分の意見を言うことも大事ですが、グループとしてテーマに対する議論を深めることが目的です。この際、だれか1人の意見だけを取り上げて、それをグループの結論にするのでは意味がありません。あくまで、いろいろな議論を踏まえたうえで、結論を導くことが大事なのです。

　もちろん、それは受験者全員の平均を取ることでも、全員の意見の折衷案であればよいというものでもありません。お互いの議論によって、よいところは取り入れ、実現困難ならば不採用とするなど、さまざまな意見が精査されて、一定の結論を導くことが大事なのです。このため、他の受験者の意見をよく聞いて、活かすことが大事なのです。

プレゼンテーション面接

プレゼンテーション面接とは？

受験者が与えられたテーマについて面接官の前で
プレゼンテーションを行うもの

※ほとんどの場合、テーマは事前に与えられる

プレゼンテーション面接の流れ

1. 受験者にテーマが伝えられる
2. テーマについて主張をまとめる
3. 面接官の前で発表する
4. 面接官が受験者に質問する

プレゼンテーション面接の対策

1. テーマに対する自己の主張を明確にすること
2. 自己の主張への反論への対抗策を検討すること
3. 必ずプレゼンの模擬発表を行うこと

プレゼンテーションの課題例①

名古屋市（平成30年度）

❶試験の方法

・事前に与えられた課題について、提出資料をもとにプレゼンテーションする。

・プレゼンテーションは5分を上限とする。

・プレゼンテーション後、その内容および自己紹介書をはじめとした全般的な事項について質疑を行う。

・質疑の内容は、プレゼンテーションに限定されるものではない。

❷プレゼンテーションの課題

　市役所には、複雑・多様化する市民ニーズが的確に対応していくことが求められていますが、個々の職員の置かれた状況はさまざまであることから、職員一人ひとりが十分にその職責をはたしていくうえでは、ワークライフバランスの実現が必要不可欠です。

①あなたのこれまでの職務経験から、ワークライフバランスを実現するためには何が必要であると考えますか。

②即戦力として期待されるあなたは、入庁後に組織の中で、ワークライフバランスの実現に向けて、どのように仕事のマネジメントを行うか、具体的に述べてください。

❸課題の回答作成・提出

・この課題について、回答資料をＡ４用紙２枚以内（片面印刷）にまとめて作成すること。用紙ごとに「試験区分、受験番号」を記入（回答資料の中に個人が特定される記述はしないこと）。

・作成した資料は、４部提出する。

（自筆原本１部、写し３部／プリントアウト資料４部　いずれも可）

・原本（プリントアウトの場合は、４部のうちいずれか１部）には、自筆で氏名を記入（原本以外には氏名を記入しない）。

❹提出資料の取扱い

・提出資料は、プレゼンテーションの資料として、面接官に配付。受験者は当該資料をプレゼンテーション会場に持ち込むことが可能。

・提出書類は返却（一時返却を含む）されない。

プレゼンテーションの課題例②

岩手県（令和4年度）

〔一般行政B〕あなたのこれまでの職務経験の中でどのようなことに取り組み、そこからどのようなスキルを身につけたか、また、それを県政のどのような分野において、どのように生かすことできるかということについて、10分以内でPRしてください。

栃木県（令和4年度）

〔行政〕社会人経験の内容とそれを公務にどう生かそうとしているか（2分）。

神奈川県（令和4年度）

職務・社会活動経験、スキル・資格等について自己アピール（5分）。

大阪府（令和3年度）

〔行政〕少子高齢化・人口減少の進展に伴い、生産年齢人口が減少していく中で、要介護・要支援認定者、単身の高齢者世帯などは増加し続けると見込まれており、介護・福祉人材の確保は、今後一層困難になっていくと予想されています。また、医療ニーズや複数の障がいのある方々、認知症高齢者の増加など、高度化・多様化する支援ニーズに的確に対応していくためには、介護・福祉人材の資質の向上を図ることも重要です。あなたは大阪府職員で、地域福祉行政を担う部署の担当者です。このたび、あなたは上司から、介護・福祉人材の確保と資質の向上を推進するための事業を企画提案するように命じられました。そこで、上司に対するプレゼンテーションを想定して、あなたが企画した事業案について、その内容・効果等を説明し、あなたの企画案を事業化に導いてください。

※費用負担面については、大阪府の実際の予算額を前提としなくて結構ですが、現実的な範囲としてください。

※ここでとりあげる事業は、大阪府で行う事務事業であると否とを問いません（国・市町村の事務事業に属するものであっても構いません）。

※架空の事業についてプレゼンテーションをしていただきますが、引用する法令、条例、資料、データ等は実際に存在しているものを引用してください。また、引用元を明確にしてください。

プレゼンテーションの課題例③

奈良県（令和4年度）

社会人としての経験を通じて培った知識・能力についてプレゼンテーション（5分程度）。

島根県（令和4年度）

面接の冒頭で、自己アピール論文の内容についてプレゼンテーション（5分程度）。

岡山県（令和4年度）

面接の冒頭で、自らの経験や能力等について、プレゼンテーション（5分程度）。

徳島県（令和3年度）

一次試験合格通知に記載された課題について、試験室で個別に自分の考えを1分以上2分以内で述べる。

愛媛県（令和4年度）

民間企業等における経験・実績や県行政に対する意欲等について、プレゼンテーション（10分程度）。

高知県（令和4年度）

個別面接の中で、県行政に携わるにあたっての意欲等についてのプレゼンテーション（5分程度）。

名古屋市（令和4年度）

あなたがこれまでの職務経験を通して身につけたセールスポイントとなる能力を、3つ挙げてください。それぞれの能力について、どのようにして職務経験の中で培ってきたか、その背景も含めて具体的にプレゼンテーションしてください。

名古屋市（令和2年度）

〔保育2〕社会的養護における施設退所児童の退所後の支援（アフターケア）について、あなたの考えを述べてください。

名古屋市（令和元年度）

〔行政一般・社会福祉・土木・建築・機械・電気〕近年、住民の行政に対する要望が多様化しています。そのような中で瑕疵・過失が存在しないのにクレームを申し立てられるケースもあります。

1　住民と直接対応する機会の多い公務職場において、住民対応で大事なことは何か述べてください。

2　あなたのこれまでの職務経験を踏まえ、住民からのクレームにあなたはどのように対応していくのか、具体的に述べてください。

〔保育2〕保育所以外の児童福祉施設をひとつ例にあげ、その施設に通所又は入所している子どもや、その家族に対する支援について、どのような関係機関とどのように連携するか、あなたの考えを述べてください。

● プレゼンテーション面接の内容

プレゼンテーション面接とは、受験者が与えられたテーマについて面接官の前でプレゼンテーションを行うものです。この方式が採用されることになった背景として、個別面接の対策が充実してきたため、マニュアル通りに回答する受験者が増え、受験者の間で差がつかなくなったことが指摘されています。

プレゼンテーションの内容や構成などは受験者本人が考えて決定することになりますので、受験者の実力がわかりやすいとされています。評価基準は、論理性、表現力、自己統制力などで個別面接と違いはありません。

実施方法は、次のとおりです。まず、受験者にテーマが伝えられます。これは面接当日に伝えることもあれば、筆記試験の合格発表後などに伝えられることもあります。行政系として採用される場合、テーマとしては、「自己PR」や「職務経験がどのように市政に反映させられるか」など、個別面接の内容とあまり変わらないことも多いです。

面接当日までにテーマを伝えられた場合は、当然、それまで準備を行うことになります。プレゼン面接の準備として、パワーポイントなどのファイル（資料）を用意する場合もあります。

プレゼン時間は3〜10分程度、その後面接官からの質問が15分程度のようです。また、プレゼンの際には、ホワイトボード使用可というケースもあります。

● プレゼンテーション面接の対策

では、このプレゼンテーション面接の対策について整理しましょう。

第一に、テーマに対する自己の主張を明確にすることです。プレゼンテーションでは、テーマに対して自己の主張を述べるわけですが、根拠、理由、必要性、正当性を論理的に説明することが必要です。単なる思いつきでなく、理論武装が求められます。

第二に、自己の主張への反論への対抗策を検討することです。自己の主張については、必ず面接官から反論や追及が来ます。そのための対応策を考えておくことが必要です。テーマが事前発表される場合であれば、想定問答の準備をしておくとよいでしょう。

第三に、必ずプレゼンの模擬発表を行うことです。試験当日前に、必ず練習して、わかりやすい話し方になっているか、制限時間内におさまるか、身振り手振りなどの所作はどうかなど、確認しておくことが必要です。

COLUMN 4

アルバイト経験しかなくても（もしくは無職でも）採用されますか？

もちろん合格は可能です。ただし、面接では「なぜ就職しなかったのか」、「なぜ無職だったのか」を説明し、面接官に納得してもらう必要があります。単に「就職したくなかったので…」では、「この受験者はやる気があるのか？」、「『でもしか』で公務員を選んでいるのでは？」と思われてしまいます。

また、アルバイトや無職の時期に何を行ったのかについても説明する必要があります。面接官は、受験者からその時期の生活実態を探り出そうとします。そうしたときに、曖昧な答えしかできず、「結局、この受験者は就職もせず、ただぶらぷらしてただけだ」と判断されては、やはり合格が難しいでしょう。

さらに、本文でも触れましたが、アルバイト経験がある場合は、そのアルバイト経験から何を得たのかについても説明する必要があります。「ただ、小遣い稼ぎにアルバイトしてた」だけでは学生と変わりません。もう一工夫して、面接官を納得させましょう。

Chapter 5

今年出題されそうなテーマとポイント

テーマ1
少子化対策

テーマの概要 合計特殊出生率(1人の女性が一生の間に産む子どもの数)の低下に伴い、少子化が大きな課題となっている。

少子化が進行すると…

1. **人口全体が減少**
   日本全体の人口の減少により社会構造に影響(施設整備などのハード面・各種サービスなどのソフト面、両面にわたり影響)
2. **生産年齢人口(15〜64歳)の減少による経済活動の低下**
   生産年齢人口の減少により経済活動が低下し、これまでと同様の生産力を維持するのが困難
3. **人材確保が困難**
   少子化に伴い、企業等における人材確保が困難となる

少子化の要因は？

1. **未婚化・晩婚化(結婚しない、もしくは結婚が遅い)**
2. **初産年齢の上昇(最初の出産が遅い)**
3. **夫婦の出生力の低下(多くの子どもを求めない)**

自治体の対応

1. **女性が結婚・出産しやすい環境の整備**
   結婚支援…お祝い金の支給、イベントの実施など
   出産支援…不妊治療の経済的支援、産後ケアの実施など
2. **子育てしやすい環境の整備**
   保育園等の施設整備、経済的支援、就労環境の整備など
3. **人材確保への支援**
   保育士、介護職員をはじめ、人材確保が困難な業種に対し、就職相談会などを実施

● テーマに対する「社会人ならでは!」の視点

①少子化対策の背景にある、「価値観の多様化」を理解しているか?

「子どもが少ないのであれば、子どもを増やすための対策をすればよい」との意見は、至極当然です。しかし、「少子化の要因」にあるように価値観の多様化や経済的課題などもあり、単純な問題ではありません。

近年、「結婚しなくてもよい」、「子どもがいなくても構わない」という人は多くなっています。かつての「結婚して、子どもをつくることが当然」という価値観が大きく変わってきているのです。社会人ですから、こうした価値観の変化についても十分配慮して、対応策を提示できるかが問われます。いくら、自治体が結婚・子育て支援をするからといって、生涯独身などの価値観を否定しているわけではありません。しかし、一方で少子化により人口が減少し、まちが廃れていくことも大きな課題です。こうしたバランス感覚を持てるかが重要です。

②労働者が減少する中で、生産力を維持するには?

少子化により労働者数は減少しますので、企業は労働力を確保することが困難になります。労働者数が減少する中で、どのように生産力を維持するのかは大きな課題です。例えば、ファミリーレストランでは、人員不足のため、注文は基本的にタブレット使用とし、また営業時間の見直しなどの対策をしています。また、メーカーであればロボットの導入やAIの活用などを行っています。

民間企業経験がある方であれば、こうした人員不足については何らかの経験があるはずです。地元企業が人材確保できず黒字倒産したり、自治体自身も応募者数が採用予定者数を下回ったりします。こうした課題にどのように対応すべきか、これまでの経験などを踏まえて回答できるかも重要な視点です。

❓ こんな質問がきたら…

1 「自治体が結婚支援をすることの是非について述べてください」

先に述べたように「価値観のおしつけ」は論外ですが、民間企業の結婚支援サービスがあることを考えると、民業圧迫にならないことに注目することも重要です。

2 「自治体の職員確保策として、どのような対応が必要ですか」

自治体も少子化により職員確保が困難になります。事務の効率化、アウトソーシングなどにより、できる限り職員数を減らすことも重要ですが、そのうえで効果的な自治体のPRなどが求められます。

テーマ2
高齢化対策

テーマの概要　人口の多い団塊世代などの高齢者の増加、また少子化に伴い人口総体に占める高齢人口割合の増加が問題となっている。

高齢化 が進行すると…

1 **社会保障費の増大**
　高齢者が多いため、年金や医療などの社会保障費が増大する。自治体においては、特別養護老人ホームなどの施設整備や、各種福祉サービスなどの負担が大きくなる。

2 **地域コミュニティの衰退**
　高齢者が多くなるため、地域コミュニティの活性化に影響を与える。町会・自治会、消防団などの構成員も高齢化することから、これまでの活動を維持できないこともある。

3 **介護人材の確保**
　高齢者の増加により、特別養護老人ホームなどの施設も増え、これを支える介護人材の需要も高まる。

自治体の対応

1 **高齢者の活用**
　就労機会の確保…シルバー人材センター、各種セミナーやしごと相談会の開催、ハローワークへの紹介など
　活動の場の提供…見守り活動の担い手、子育て世代へのサポーター、各種ボランティアの募集など

2 **健康寿命の延伸**
　認知症対策…相談窓口の設置、認知症サポーター養成講座、認知症カフェ、認知症家族会の開催
　介護予防…健康教室の開催、民間スポーツクラブなどとの提携

3 **生きがいづくり**
　各種公共施設で講座の開催や、高齢者の自主グループへの活動補助

● テーマに対する「社会人ならでは!」の視点

①高齢者が労働力不足対策として活用されていないか？

　元気高齢者が健康づくり・生きがいづくりのため、就労することはよいことです。長年勤めた会社を定年退職で辞め、その後何もすることなく自宅で生活することは、本人にとっても家族にとってもよいこととは言えません。再雇用や再就職で高齢者が活躍する場は重要です。

　しかし、一方で人手不足から、高齢者が労働力として位置付けられてしまい、かえって問題を抱えてしまうこともあります。「75歳になったので退職を申し出たが、『人手がいないから』と辞めさせてくれない」などの報道があります。また、シルバー人材センターを、単価の低い労働者の提供場所として悪用している業者も多いと言われています。

　一言で高齢者の活用と言っても、よいことばかりではありません。こうした理想と現実を踏まえていることが、社会人・経験者試験では求められます。

②住民の負担も自治体の負担も増えていく現実に、どう対応するか？

　高齢者数の増加、高齢化率の上昇に伴い、自治体の負担は増えていきます。そもそも人口減少で税収が少ない中での社会保障費の増大は、自治体財政を破綻させます。

　また、住民自身の負担も増えていきます。少子高齢化により、少ない現役世代で多くの高齢者を支えるのであれば、住民一人当たりの負担が増えるのも当然のことです。

　このように、住民の負担も自治体の負担も増えていくという現実の中で、行政はどこまでサービスを提供すべきなのか、住民にどこまで負担を求めるべきか、そのバランス感覚が求められます。

?　▶　こんな質問がきたら…

1　「定年延長について、あなたの考えを述べてください」

「人生100年時代」と言われる現在では、労働力確保の面からも定年延長は必要です。一方で公務員の場合は人件費の増大を招き、住民の理解を得られるかという問題もあります。

2　「高齢者対策として特養などの施設整備は促進すべきですか？」

高齢者が増加する中で、施設整備は重要ですが、財政負担も大きな課題です。民間活力の活用、PFI（Private-Finance-Initiative）などさまざまな手法の検討が必要です。

テーマ3
人口減少

テーマの概要 少子高齢化に伴い、人口が減少すると、自治体の事業、地域コミュニティなど、さまざまな面に影響が生じる。

人口減少が進行すると…

1. **税収減に伴う事業の見直し**
   人口減少に伴い税収減となり、これまでと同様の自治体の事業実施・サービス提供が困難となる。事業の廃止などを行う自治体も。

2. **地域活動の担い手不足**
   人口減少のため、地域活動（防犯パトロール、自主防災組織、ボランティアなど）の担い手が不足し、活動の維持が困難になる。

3. **小売・飲食・医療など生活関連サービスの縮小**
   人口減少に伴い収支が悪化し、小売・飲食・医療など生活関連サービスが撤退し、住民の生活に大きな影響が生じる。

自治体の対応

1. **コンパクトシティの検討**
   人口減少に伴い、従前のようなインフラの維持が困難となる。このため、住民の居住エリアを集約するなどのコンパクトシティについて検討するなどの動きがある。

2. **Uターン・Iターン・JターンのPR・促進**
   住民数を増やすため、Uターン・Iターン・JターンのPRや促進を行う。また、移住体験会、シェアオフィスの整備、低額での住居提供、保育料の無償化など転入者にとって魅力的な事業を行うことで、自治体の特徴を示す。

3. **企業誘致のための環境整備**
   企業全体または機能の一部を移転してもらい、人口の増加をねらう。例えば、ネット環境の整備を自治体が行い、IT企業を誘致することで人口増加を実現し、法人住民税などの増収をねらう。

● テーマに対する「社会人ならでは!」の視点

①財源がない中で、行政はどこまでサービス提供すべきか?

　人口が減少し、財源がない中では、行政はサービスを縮小せざるを得ません。例えば、これまで地域住民の活動の場となっていた集会所が、いきなり廃止になってしまうこともあります。市によっては、老朽化した市営住宅を建て直す予算がないため、実質的に放置されていることもあります。

　このように考えると、そもそも行政サービスとは何なのかということが問われてきます。もちろん住民福祉の向上も重要ですが、それも財源の裏付けがあることが前提です。社会人・経験者であれば、民間企業等での経験を踏まえ、「行政の役割」について考えておくことが重要です。

②コンパクトシティにはデメリットもある

　コンパクトシティは、まちの機能をエリア別に集約することによって、経費を削減できるというメリットがありますが、デメリットも指摘されています。例えば、今まで郊外にいた住民が指定された居住エリアに転居することにより、居住スペースの狭小化、騒音などの近所トラブル、また物価が以前より高くなるなどして、住民のストレスが高まったとの事例も報告されています。

　当初計画していた機能の集約化が上手くできずに、コストが膨らんでしまうこともあるようです。このように、コンパクトシティは万能薬ではありません。仮に、受験する自治体で実施の予定があるならば、どのような計画になっているのか、またそれに対して受験者としてどのような認識を持つのかも大きなポイントです。

? ▶ こんな質問がきたら…

1 「住民を誘致するための方策について述べてください」

住民を誘致するための方策としては、①職の確保ができるか、②魅力的なサービスがあるか、③もともとの住民との円滑なコミュニケーションが図れるか、などがポイントです。特に③については、「地域活動への参加が強制されて嫌だ」という新住民もいるので注意が必要です。

2 「企業を誘致するための方策について述べてください」

そもそも東京などの大都市にいなくても、ITを活用すれば地方でも十分に企業活動できる例は多くあります。物価が安い、通勤が楽、自然環境がよい、などの声も聞かれます。受験する自治体にはセールスポイントとして何があるのか、具体的に提示できることが求められます。

テーマ4
多文化共生社会

| テーマの概要 | 外国人住民等が増加してきたことを踏まえ、お互いの価値観を認め合う多文化共生社会の構築が大きな課題となっている。 |

①多文化共生社会とは？

多文化共生とは、「国籍や民族などの異なる人々が、互いの文化的ちがいを認め合い、対等な関係を築こうとしながら、地域社会の構成員として共に生きていくこと」
（総務省：多文化共生の推進に関する研究会報告書）

②なぜ多文化共生社会の構築が必要か？

1 外国人住民の増加
　2019年4月に始まった外国人労働者の受け入れの拡大、訪日外国人の増加、などにより外国人住民が増加

2 日本人住民と外国人住民との間のトラブルを防ぐ
　言葉が通じないことや文化の違いなどから、日本人住民と外国人住民との間でトラブルが発生してしまうことがあり、トラブルを避けるためには両者が互いを理解することが必要

3 外国人住民も地域のまちづくりの担い手
　外国人住民も地域にとっては大事なまちづくりの担い手になることから、地域で活動できる環境整備が必要

| 自治体の対応 |

1 外国人住民への的確な周知・PR
　外国人住民向けハンドブックの配付、外国語版のホームページ、外国語による生活相談など

2 日本人住民の異文化理解の促進
　外国の言語や文化に関する講座の開催、国際交流のイベントの実施など

3 外国人住民と日本人住民が交流できる機会の確保
　SNSの活用、地域で開催する防災訓練やお祭りへの外国人住民の招待、インターナショナルスクールでの運動会や文化祭への日本人住民の参加など

● テーマに対する「社会人ならでは!」の視点

①多文化共生社会の必要性を説明できるか?

　外国人労働者の受け入れの拡大、訪日外国人の増加などにより、外国人住民の数が増えている自治体があります。当然のことながら、自治体によって外国人住民の人数、住民全体に占める割合などは様々です。しかし、自治体によってはこの多文化共生社会が重要な課題となり、最近の論文や面接でもよく問われるテーマの1つとなっています。

　このため、まずは、受験する自治体の基礎情報（外国人住民数の推移、国別外国人住民数など）を確認するとともに、そうした外国人住民向けの事業（生活ハンドブックの配付、学校や講座の日本語教室、交流イベントなど）もおさえておく必要があります。

　その上で、社会人であれば、なぜ多文化共生社会が必要なのか、自分の経験（勤務先や取引先に外国人がいる、コンビニなどに外国人スタッフがいる、近くに住む外国人住民など）を踏まえて説明できることが望まれます。

②日本人住民と外国人住民のトラブルを理解しているか?

　多文化共生社会の構築は重要なのですが、現実には日本人住民と外国人住民との間ではトラブルも発生しています。日本語が十分に理解できないことや文化の違いなどから、ごみの分別をしない、ポイ捨てする、小中学校でのいじめ、深夜の騒音などがあります。こうしたトラブルをなくすためには、外国人住民への的確な周知・PR、日本人住民の異文化理解の促進の両方が必要となります。

　ただし、「高齢の日本人住民の中には外国の文化を理解しようとしない」、「一部の外国人住民は何回言ってもルールを守らない」、など実際には厳しい現状があることも、社会人としては認識しておきましょう。

? ▶ こんな質問がきたら…

1 「日本人住民と外国人住民が円滑なコミュニケーションを図るために、具体的に何をするべきだと思いますか」

左頁の「外国人住民と日本人住民が交流できる機会の確保」が重要となりますが、自治体としてはその環境づくりが求められます。例えば、SNSの活用であれば、掲示板を設置するなどが考えられます。

2 「自治体でも外国人を採用すべきだと思いますか?」

自治体によっては採用しているところもあり、その判断は自治体によります。ただし、管理職にはなれないとの最高裁判例があります。

テーマ5
子育て支援

テーマの概要

少子化の原因の一つに、子育てに対する負担感が挙げられている。また、核家族化や都市化による家庭の養育力の低下も指摘されている。そのため、子育て支援は、国や自治体にとって重要なテーマ。

①子ども・子育て支援新制度

子ども・子育て支援新制度は、幼児期の学校教育や保育、地域の子育て支援の量の拡充や質の向上を進めていくためにつくられた制度。必要とするすべての家庭が利用でき、子どもたちがより豊かに育っていける支援を目指す。平成24年8月に成立した「子ども・子育て支援法」、「認定こども園法の一部改正」、「子ども・子育て支援法及び認定こども園法の一部改正法の施行に伴う関係法律の整備等に関する法律」の子ども・子育て関連3法に基づく。

②課題

1. **待機児童**…2021年4月の保育所待機児童数は5,634人
2. **経済的負担**…保育所等に要する費用の負担感が大きい
3. **子育てしやすい環境の整備**…就労環境、地域の取組みなど

自治体の対応

1. **保育施設の整備等**
   保育園、幼稚園、認定こども園、放課後児童クラブ、子育て家庭支援センターの整備、病児・病後児保育、一時保育など。また、こうした施設や保健所では、保護者の子育てに関する相談にも対応している。
2. **子育て家庭への経済的支援等**
   児童手当、子ども医療費助成など。
3. **女性が働きやすい環境の整備等**
   結婚や出産により退社するケースが多いことから、事業者に対し啓発等を行う。また、自治体も事業主として、職員・職場の意識改革、妊娠・子育て中の職員への支援、男性職員の子育て参加支援などを実施。

● テーマに対する「社会人ならでは!」の視点

①保育園利用世帯は在宅子育て世帯よりも優遇されていないか?

　未就学児がいる世帯について、自治体の財政負担の視点から考えると次のような整理ができます。例えば、同じ未就学児がいる世帯であっても、保育園利用世帯と在宅子育て世帯では、財政負担は大きく異なります。保育園利用者であれば、施設整備、毎月の運営費など、多額の予算が投じられていますが、その一方で住民の負担は一定程度に抑えられています。反対に、在宅子育て世帯は保育園などのサービスを受けていないため、保育園利用者に比べ投入される税金は少なくなります。

　このように考えると、在宅子育て世帯から「保育園利用者ばかりに税金が投じられており、不公平だ」との苦情があっても的外れとは言えません。こうした公平性について、どのように考えるかは非常に重要です。ちなみに、未就学児がいる世帯には等しくバウチャー（金券・サービス利用券）を配布し、サービスの公平を図ろうとする考え方もあります。

②いずれ保育園が不要になったときにどうするのか?

　かつて、待機児童が大きな話題となった時には、全国で多くの保育施設が整備されました。しかし、現在では待機児童はかなり減ってきており、いずれはこれほど多くの保育園が不要になる時代が来ます。こうした事態を見据えて、現在の保育園整備を考えることが重要となります。

　具体的には、高齢者施設への転用を見越して保育施設を整備したり、現在未利用になっている公共施設を保育園として一時利用したりするなど、コスト面に配慮することが必要です。単に「待機児童がいるから、保育園をつくればよい」という意見では困ります。

? ▶ こんな質問がきたら…

1 「女性が働きやすい職場とは、どのような職場だと思いますか?」

子育て支援にとって、女性が働きやすい職場は非常に重要です。この質問は、社会問題としての子育て支援という側面もありますが、あなたが公務員となった場合に、このような職場をイメージできるかという仕事観にも関わってきます。男女ともに育児休暇が取得しやすいなど、具体的な内容が求められます。

2 「なぜ少子化なのに、待機児童が発生しているのですか?」

これは簡単に言えば、女性の社会進出が進んでいること、保育士が不足していること、都市部に人口が集中していることなどが、その主な理由です。

---

1 社会人・経験者採用の 目的とポイント

2 社会人・経験者採用の エントリーシート対策

3 社会人・経験者採用の 論文対策

4 社会人・経験者採用の 面接対策

5 今年出題されそうな テーマとポイント

テーマ6
防災対策

テーマの概要 近年、地震、台風、猛暑などの災害が多発しその防災対策の重要性が増している。

地震による倒壊・火災・停電・津波や、豪雨による浸水・停電・土砂崩れなど、規模の違いはあれど、日本各地で毎年のように災害は発生している。

風水害は鉄道の計画運休、マンション地下の機械室浸水による停電、避難所自体の浸水など、地震とは異なる課題も明確になった。

自治体の対応

1. **避難所等の整備**
   被害の程度や避難経路等により、一時集合場所、避難所、避難場所などが指定されている。自宅生活ができない場合には、避難所で生活を行うことになるが、熊本地震などの教訓から、避難所の質の向上が求められている。
2. **情報通信・無線等の整備**
   これまでに防災無線のデジタル化等が行われてきたが、スマートフォンの普及等に伴い、緊急速報メールや防災アプリの導入などが行われている。
3. **住民等への意識啓発**
   大地震直後には住民等の防災意識は高まるが、時間の経過とともに逓減していくという傾向がある。防災対策には、自助・共助・公助があるが、この中で自助が最も重要であるといわれている。このため、各自治体で防災イベントや講習会の開催、地域防災訓練などを実施している。また、HUG（静岡県が開発した避難所運営ゲーム）など、新たな訓練手法も活用されている。
4. **自主防災組織との連携**
   各自治体には、町会・自治会が母体となった自主防災組織がある。共助のため重要な組織となっているが、構成員の高齢化などが課題となっており、新たな担い手の育成なども求められている。

● テーマに対する「社会人ならでは!」の視点

①どのようにしたら住民の意識を高めることができるか?

　防災対策の公助には限界があります。大地震が発生した場合、各地で同時多発的に火災、建物倒壊、断水などが発生しますが、消防や警察などの人員には限りがありますので、すぐにすべての被害に対応することはできません。

　そこで求められるのは、住民一人ひとりが高い防災意識を持ち、常日頃から非常持ち出し品や防災用品を準備しておくことです。このために、自治体は住民への意識啓発に努めています。しかし、残念ながらすべての住民に浸透するまでには至っていません。

　例えば、東日本大震災のような大きな災害があると、一時的に住民の防災意識が高まることはアンケートなどからもわかりますが、時間の経過に伴い逓減していきます。これをどのように高いままのレベルで維持できるのかは大きな課題なのです。社会人の方であれば、企業などでの防災訓練に参加した方も多いかと思いますし、実際に「帰宅困難者」になった方もいるかもしれません。こうした経験を防災対策の観点から説明できれば非常に有効です。

②地震対策とは異なる風水害対策を理解しているか?

　風水害には、台風、集中豪雨、土砂災害などがあります。事前にある程度の対策をとることが可能な点が、地震とは異なる点です。具体的には、洪水ハザードマップによる確認、土のうや止水板などによる浸水への対応、家屋の窓や屋根などへの対策などあります。

　各自治体では、地域防災計画（災害対策基本法に基づき、各自治体が防災のために処理すべき業務等を定めた災害対策計画）を策定していますが、風水害対策の面が弱いことが指摘されており、自治体によっては見直しを行っています。

? ▶ こんな質問がきたら…

1 「日頃、あなたが行っている防災対策は何ですか?」
最低限、防災用品の備蓄は行ってほしいところですが、もしやっていなければどのような防災用品があるのかを調べるだけでも参考になります。

2 「あなたの家の指定避難所はどこですか?」
防災意識を持っているのか否かがすぐに判断できる質問です。必ず、面接前には調べておきましょう。

テーマ7
働き方改革

テーマの概要

人口総体や生産年齢人口が減少する中で、長時間労働・残業などの日本の慣習が生産性低下の原因になっているとし、働き方改革が求められている。

課題

1. **正規、非正規の不合理な処遇の差**
   正規雇用労働者と非正規雇用労働者の間の不合理な待遇差の解消を目指すため、同一労働同一賃金を旨とする法改正が行われた。
2. **長時間労働**
   女性新入社員が長時間労働による過労が原因で若くして過労自殺した事件が大きく報道され、長時間労働が大きな社会問題になった。
3. **単線型の日本のキャリアパス**
   従来は昇進し部下を持つライン管理者となるだけの単線型の人事制度から、ライン以外の専門職をつくるなど複線型の人事制度が求められている。

自治体の対応

1. **時間外勤務の縮減**
   すでに多くの自治体はノー残業デーの設定などを行っていたが、働き方改革を受け、残業時間の上限設定や管理職への指導徹底などを行い、時間外勤務の縮減に取り組んでいる。
2. **仕事と生活の両立支援**
   男性の育児休業取得率向上、介護者へのサポートなど、仕事と生活の両立支援に向けた取組みを行っている。
3. **女性の活躍推進**
   女性の活躍推進のため、保育施設等の整備、女性が働きやすい環境整備への啓発等、妊娠・結婚・出産支援などに取り組んでいる（少子化対策の欄を参照）。

● テーマに対する「社会人ならでは!」の視点

①働き方改革として自ら行ってきたことは何か?

　これまで民間企業などで経験のある方であれば、昨今の働き方改革として何をやってきたのかは重要な視点です。①勤務先で行われてきたこと（ノー残業デーなど）、②自ら行ってきたこと（残業をなくすため、どのように業務を効率化させてきたのかなど）は、大事な視点です。

　かつては長時間労働が美徳とされていましたが、現在、面接で「上司から言われれば、いくらでも残業します!」などと発言すると、かえって面接官は引いてしまうでしょう。それよりも、いかに自分が業務を効率的に行ってきたかを説明するほうが、ずっと高得点が期待できます。面接官がイメージできるように、具体的に説明することが求められます。

②住民に働き方改革を浸透させるためには、何をすべきか?

　働き方改革に関する質問は、①社会問題として働き方改革をどのように考えるか、②あなたは、公務員としてどのように働くのか、という2つに区分できます。①については、自治体として広く住民に浸透させるかですが、一般的には広報がメインになります。

　ただ、社会人経験者の方であれば、例えば会社の中でどのように社員に残業縮減が浸透していったかなどを考えるとヒントになるかもしれません。残業が減ったことで社員のプライベートが充実し、かえって生産性が高まった、仕事の効率がよくなったなどの具体例を示すことができれば、それが住民への効果的な広報にもつながります。

？ ▶ こんな質問がきたら…

1 「あなたはどこまで出世（昇進）したいですか?」

一見すると、働き方改革とは関係ない質問のようですが、この質問で「やる気」を見ていることがあります。もちろん、「できる限り出世したいです」と答えなくても構いません。ただし、「別に出世しなくてもよいや」と考えている場合でも、「入庁してからじっくり考えます」ぐらいのほうが答えとしては無難です。

2 「男性の育児休暇取得について、どのように考えますか?」

自治体でも男性職員の育児休暇取得者はいます。確かに女性職員と比べれば少ないのですが、取得しているからと言って色眼鏡で見られるようなことはありません。このため、「自然なことだと思います。もっと多くの男性が育児休暇を取得するような社会になればよいと思います」くらいの回答で構いません。

テーマ8
住民の行政参加

テーマの概要　自治体が政策を決定するにあたり、住民が参加することが重要。

地方自治のあるべき姿は、団体自治と住民自治の実現にある

1 団体自治
国等による自治体への関与を必要最小限度にとどめて、自治体の事務は自治体の創意と責任において処理させようとする考え方。

2 住民自治
地方の政治や行政は、地域住民がこれに参加し、住民自らの責任においてその運営を行うという考え方。

このため、自治体にとって住民の行政参加は不可欠
実際の行政参加の手法には、審議会・委員会、ワークショップ、パブリックコメントなど、さまざまな形態がある。

自治体の対応

1 審議会・委員会
地方自治法に定められる附属機関として、執行機関に審議会・委員会を設置する。こうした機関の委員として住民等が意見を述べる。

2 ワークショップ
特定のテーマについて、参加者が自由に意見交換を行うもの。自由な議論や共同作業を通じて合意形成を図る。

3 パブリックコメント
自治体が政策などの案を発表し、それに対して住民の意見を募集する。自治体はその意見を参考に意思決定を行うとともに、住民の意見に対して自治体の考え方を公表する。

4 モニター制度
公募した住民を登録して、特定のテーマについてアンケートや会議出席により意見聴取を行う。

● テーマに対する「社会人ならでは!」の視点

①「住民の行政参加」が、単にアリバイ作りになっていないか?

　先に示したように、現在でも住民が行政に参加する場面は多くあります。しかし、それが単に形だけになっていないか、という点に注意が必要です。例えば、自治体で「環境計画」のような行政計画を策定する際、住民説明会を開催したり、パブリックコメントを実施したりします。

　こうした場合に、単に「説明会を開催した」、「パブリックコメントを実施した」だけで、住民の意見を反映していないのであれば意味がありません。自治体は、「はいはい、住民の意見は聞きましたよ」とアリバイ作りとして利用するのでなく、計画などに実質的に反映できたのかが重要なのです。

　民間企業でも、「お客様窓口」のようなセクションがありますが、これを「ガス抜き」として使うのでなく、実際の商品やサービスの改善に結びつけることが大事なのと同様です。

②いつも特定の住民の意見になっていないか?

「住民の意見」が、町会長や地域の実力者などの特定の意見になっていることも少なくありません。例えば、審議会委員として選出されるのは、いつも決まったメンバーで、その人達がさまざまな委員を兼任しているので、実質的にはその人達の意見があたかも「住民の意見」のようにとらえられてしまうことがあります。

　学生、専業主婦、最近転入してきた住民、地元企業で働く人など、多様な意見を集めてこそ、「住民の意見」となります。

? ▶ **こんな質問がきたら…**

1 「**ある住民が『私の意見も住民の意見です。なぜ取り上げてくれないのですか』と言ってきたら、あなたはどうしますか?**」

確かに、住民一人ひとりの意見は住民の意見に間違いありません。しかし、それを実際に行政計画に反映したり、事業化したりするのは別問題です。「お話をお聞きしますが、実際にできるかどうかは別問題です」と言わざるを得ません。

2 「**住民説明会を開催したら、参加者は2人しかいません。あなたは、それでも実施しますか?**」

「参加者が少ないから、住民説明会を中止します」ということは、まずありません。たとえ少数であっても貴重な住民の意見を聞く場です。ただし、実際にはこのような少数にならないよう事前準備が必要です。

テーマ9
情報漏洩

テーマの概要

個人情報を守るべき自治体やその職員の故意または過失によって、各種資料などの紙媒体だけでなく、個人情報を含む電子データなどが外部へ渡ってしまい、住民等からの信頼が失墜してしまう。

課題

1. **職員のミスもしくは意図的な情報の流出**
   USBなどの電子データや名簿などの資料の紛失、電子メールの誤送付、ホームページ更新作業ミスによる個人情報掲載など、職員のミスにより情報が漏洩する。または、転売などの目的で職員が意図的に情報を流出させてしまう。

2. **管理体制の不備**
   個人情報が含まれる資料を収納するキャビネットに鍵をかけていない、USB持ち出しの記録簿をつけていないなど、業務上のルール化がされず、職場の管理体制に不備がある。

3. **不正アクセスなどのシステム上の問題**
   情報システム上の問題として、セキュリティ体制が十分でないことから、不正アクセスによる攻撃やコンピューターウイルスの感染などにより、個人情報が漏洩することがある。

自治体の対応

1. **職員への指導・啓発**
   個人情報を取り扱う職員に対する研修の実施や、各種文書による周知徹底など、職員への指導・啓発を行う。

2. **管理体制の構築**
   USBなどの記憶媒体の保管や持ち出し、マイナンバーなどの管理方法など、各種規定に基づき個人情報を管理する。

3. **システムの整備**
   不正アクセスやコンピューターウイルスの排除など、データのクラウド化、シンクライアントシステムの構築など、個人情報を流出させないためのシステムを整備する。

● テーマに対する「社会人ならでは!」の視点

①情報漏洩を防ぐには何が必要か?

　これは、先に挙げた①職員への指導・啓発、②管理体制の構築、③システムの整備の3つの視点で答えれば問題ありません。ただし、この質問の背景にあるのは「あなたは情報漏洩を防ぐために何を行ってきたのか」という、現在の勤務先での経験を確認していることです。このため、現勤務先でのルールなどについてはおさえておきましょう。もし、特徴的な取組みなどがあれば、それを説明すると説得力が高まります。

　個人情報を扱うのは、自治体でも民間企業でも同じことです。採用担当者が知りたいのは、受験者が個人情報の管理についてどのように考えているのかを、現在の勤務状況と併せて確認しておきたいのです。数年前から、マイナンバー制度が始まり、これまで以上に個人情報の管理が徹底されるようになりました。しかし、このような状況でも個人情報の漏洩はなくなりませんので、自治体は非常に敏感なのです。

②職員の意識を高めるにはどうしたら良いか?

　USBの紛失や鍵のかけ忘れなどは、ヒューマンエラーの典型ですが、情報漏洩の多くはこうした職員の意識にかかることです。しかし、「意識の低い職員はダメだ」などと言うのは簡単ですが、実際の業務を行う中では、忙しくてうっかりなくしてしまったり、職場のなれ合いで鍵をかけないことが日常化していたりすることはあることです。

　このため、漏洩を防ぐためのルール（複数によるチェック体制、職場の情報管理者による定期的なチェック体制など）をつくることが、職員の意識を高めることにつながります。

? ▶ こんな質問がきたら…

1 「個人情報の管理の徹底が、かえって業務の効率化を妨げていませんか?」
確かに、個人情報の管理を徹底するあまり、かえって事務が煩雑になり、業務がスムーズにならないことがあります。しかし、効率化を優先して個人情報が漏洩するのは本末転倒です。両者は区別して考えることが必要です。

2 「自分のパソコンの廃棄はどのように行っていますか?」
適切な業者にパソコンの廃棄を依頼せず、無許可の回収業者などに渡してしまうと個人情報が漏洩することがあります。このため、受験者の個人情報に対する意識を確認しようとする目的があります。

テーマ10
行財政改革

テーマの概要

人口減少に伴う税収減、高齢化に伴う社会保障費の増大などから、自治体はこれまでの行政サービスの維持が困難になってきている。このため、自治体にとって行財政改革は喫緊の課題となっている。

なぜ行財政改革が必要か？

1. **人口減少に伴う税収減**
   人口減少に伴い、生産年齢人口も減少することから、将来的には税収減になることが見込まれる。
2. **社会保障費などの増大**
   高齢化のさらなる進行に伴い、社会保障費は増大する。また、高度経済成長期に整備した施設の老朽化対策時期を迎えている。
3. **行政サービスの多様化・高度化**
   職員数が限られる中、多様化・高度化する行政サービスに対応する必要がある。

自治体の対応

1. **歳出削減に向けた取組み**
   アウトソーシング（民間委託等）の推進、定員の適正化、各事務事業の検証など。
2. **歳入確保に向けた取組み**
   徴収率の向上（差押え、コールセンター等）、市有財産の活用（広告事業、ネーミングライツ、未利用地の貸付等）など。
3. **行政評価制度の活用等**
   行政評価制度（行政の活動を何らかの統一的な視点や手段によって客観的に評価し、その評価結果を行政に反映させる仕組み）を活用することにより、PDCAサイクルを確立し、より効果的・効率的な事務執行に努める。

● テーマに対する「社会人ならでは!」の視点

①自治体を運営するという視点から考えているか?

　自治体も民間企業と同様に目的を持った組織体ですので、自治体を運営するという視点が必要です。そのために必要なことは、経営資源と呼ばれる「ヒト・モノ・カネ」ですが、これは自治体で言えば「職員・行政サービス・財政」のことです。社会人であれば、こうした視点を持つことが重要です。

　自治体を取り巻く環境として、人口減少に伴う税収減、社会保障費などの増大などがあり厳しい状況です。当然のことですが、お金がなければこれまでと同様の行政サービスを提供することは困難となってしまいます（実際に、これまで実施していた行政サービスを取りやめるという自治体もあります）。

　その際に、例えば職員数の削減、業務の効率化などの行財政改革を行い、何とか費用を捻出して行政サービスを維持するわけです。それぞれの自治体がどのような改革に取り組んでいるのかは、注目しておきたいポイントです。

②自治体と民間企業の効率化の違いを理解しているか?

　民間企業でも経営の効率化を図り、利益を最大化するという活動は行っています。社会人受験者であれば、「こうした民間企業の手法を取り入れればよいのでは」と考えてしまうかもしれませんが、自治体の場合は少し事情が異なります。

　例えば、民間企業であれば不採算部門を廃止して事業を行わないということはできますが、自治体ではそれは困難な面もあります。生活困窮者などの社会的弱者に対する福祉事業や防災対策などは、「お金がないからやりません」というわけにはいきません。こうした中で、収入（歳入）を増やし、支出（歳出）を削減するには、左頁のような取組みが必要となります。

? ▶ こんな質問がきたら…

1 「施設の統廃合計画に住民から強い反対があった場合、あなたが担当職員であれば、どのように対応しますが?」

廃止が決まった施設周辺の住民から強い反対運動が起こることがあります。しかし、利用率が低い、使用料収入が少ないなどの理由があれば、住民に対して粘り強く説明していくしかありません。

2 「自治体でもAIやRPAは活用できると思いますか?」

実際に、AI（Artificial Intelligence）を活用して、チャット形式で生活に関する行政情報の問合せに自動回答するサービスがあります。また、ふるさと納税や時間外勤務手当計算の業務にRPA（Robotic Process Automation）を活用する事例もあります。

テーマ11
新型コロナウイルス感染症対策

テーマの概要
2019年12月に中国湖北省武漢市を中心に発生した新型コロナウイル感染症は、現在も世界的な流行を見せており、自治体にもさまざまな影響を与えている

①新型コロナウイルス感染症の状況

2023年2月1日現在、国内での新型コロナウイルス感染症の感染者は32,588,442例。死亡者は約68,000名。ウイルスは増殖や流行を繰り返しながら、遺伝子配列を少しずつ変異させている。このため、感染性の高まり、ワクチンへの耐性を持つ変異株にも注意が求められている。

②新型コロナウイルス感染症により生じる課題

1 住民へのワクチン接種
2023年2月現在、国民の68％以上が3回接種を完了している。今後の感染症法上の位置付けの変更により、行政での対応も変化することが予想される。

2 住民への広報・啓発
ワクチン接種の必要性、変異株などの最新情報、検査や相談体制など、正しい情報を住民に提供し、住民の不安を払拭することが必要である。

3 行政運営への影響
経済活動の低迷による税収減、国や都道府県による新規事業、感染拡大防止のため公共施設の休止や時間短縮などへの対応が必要。

自治体の対応

1 効果的な住民への広報・啓発
ホームページ、SNS、広報紙などを通じて、住民への呼びかけ、正しい情報の提供など、効果的な広報・啓発を行う。

2 住民サービスの制限や見直し
感染防止、住民ニーズなどを総合的に判断し、公共施設の休止や時間短縮など、住民サービスを制限する。また、接触を防ぐ視点から、電子申請・郵送手続きなどを導入する。

3 効率的な行政運営
職員のテレワーク勤務、経済活動の低迷による税収減など、限られた状況の中でも、効率的な行政運営を行う。

● テーマに対する「社会人ならでは!」の視点

①企業などが実施している対策を理解しているか

　新型コロナウイルス感染症により、社会は一変しました。外出自粛、店舗の休止や営業時間の短縮、マスク着用やこまめな手洗など、生活に大きな影響が出ました。

　ただし、これを社会人・経験者の公務員受験の視点で考えると、単に表面的な状況の変化を把握しておくだけでは不十分です。例えば、民間企業に勤務している人であれば、在宅勤務が導入されて勤務体制が大きく変化した人もいるはずです。そうすると、在宅勤務であっても成果を維持するために、どのような工夫を行ったのかなどを面接で問われる可能性があります。こうした質問は、学生ではなかなか答えることはできません。しかし、社会人・経験者であれば「新たにチャットツールを導入したところ、円滑なコミュニケーションが可能になった」などの具体的な回答がほしいところです。

②行政の感染症対策を認識しているか

　自社だけでなく、国や自治体が行ってきた対策の把握、また対策に対する社会人・経験者としての認識も重要となります。公務員志望者なのですから、自分が居住する自治体が行った①住民サービスの制限、②住民への広報、③行政運営、などについて把握しておくのはもちろんのこと、それに対する自分の認識や評価も整理しておいたほうがよいでしょう。

　採用側が知りたいのは、「この受験者が公務員になったら、どのように対策を行ってくれるのか」という主体的な姿勢です。学生とは異なり、社会人・経験者としての実績を、公務員としてどう活かしてくれるのかを知りたいのです。

　なお、政府は感染症法上の取り扱いを2023年5月をめどに変更する予定ですので注視しておきましょう。

? ▶ こんな質問がきたら…

1 **「外出自粛などを、効果的に住民に広報するには何が大事ですか」**
適時適切はもちろんのこと、ホームページ、SNS などの多様な媒体の活用、外国人住民への多言語対応など対象者に応じた広報も重要となります。

2 **「新型コロナウイルス感染症の影響から学んだことは何ですか」**
在宅勤務、リモートワークを導入せざるを得なかった企業も、「導入してみたら業務を見直すきっかけとなり、効率化が図られた」ということもあります。単に感染症対策の重要性を述べるだけでなく、こうしたプラスの視点で考えることも必要です。

テーマ12
SDGs

テーマの概要 自治体の活動は、SDGsの理念そのもの。公務員としての意識も問われている

SDGsとは
持続可能な開発目標（SDGs：Sustainable Development Goals）とは、2015年9月の国連サミットで加盟国の全会一致で採択された「持続可能な開発のための2030アジェンダ」に記載された、2030年までに持続可能でよりよい世界を目指す国際目標。17のゴール・169のターゲットから構成され、地球上の「誰一人取り残さない」ことを掲げている。

そもそも自治体は持続可能なまちづくりを目指しており、SDGsの理念を従来から実施していると言える。そのため、自治体のさまざまな事業は、17のゴールに関連付けられる（例えば、目標1の貧困は生活保護、目標13の気候変動は環境対策など）。

〈17のゴール〉
①貧困をなくそう　②飢餓をゼロに　③すべての人に健康と福祉を　④質の高い教育をみんなに　⑤ジェンダー平等を実現しよう　⑥安全な水とトイレを世界中に　⑦エネルギーをみんなにそしてクリーンに　⑧働きがいも経済成長も　⑨産業と技術革新の基盤をつくろう　⑩人や国の不平等をなくそう　⑪住み続けられるまちづくりを　⑫つくる責任つかう責任　⑬気候変動に具体的な対策を　⑭海の豊かさを守ろう　⑮陸の豊かさも守ろう　⑯平和と公正をすべての人に　⑰パートナーシップで目標を達成しよう

自治体の対応

1　自治体の総合計画や各種行政計画で位置づけ
　SDGsの考え方を、自治体の総合計画や各種行政計画の基本方針に位置付けている自治体がある。

2　条例制定
　北海道下川町、群馬県桐生市などでは、SDGsに関する条例を制定し、持続可能なまちづくりを明確化している。

3　専管組織の設置
　SDGs未来都市に関する施策など、SDGsについて総合的・計画的に推進するため専管組織を設置する自治体もある。

● テーマに対する「社会人ならでは!」の視点

①企業などの取組みを理解しているか

　SDGsは、国や自治体などの公的機関が取り組めばよいというものではなく、住民、企業、NPOなどさまざまな主体が取り組むことが求められます。

　社会人経験等のある受験者であれば、勤務する企業やアルバイト先で、どのような取組みを行ってきたのかを把握しておいたほうがよいでしょう。例えば、食品会社であればフードロス問題への対応、コーヒー店での使い捨てのプラスチック製ストロー全廃などが考えられます。企業は、単に国などの動向に賛同しているだけでなく、企業の生き残り戦略の意味もあるわけです。企業もSDGsに取り組まないと、顧客に賛同してもらえず、商品やサービスを購入してもらえない可能性があるからです。このため、住宅メーカーであればCO_2排出量の少ない住宅づくりを行うなど、SDGsを意識した商品づくりやサービスを提供している例は多数あります。

②個人としてSDGsにどのように取り組んでいるか

　受験者がどのようにSDGsに取り組んでいるのかも、大事な視点です。たとえ、SDGsに関する知識を持っていたとしても、公務員志望者である受験者が持続可能なまちづくりのために、何ら行動していないというのはやはり疑問です。ただし、そんなに大げさな内容である必要はありません。ごみをできるだけ出さない、レジ袋を購入せず買い物バッグを持っていく、必要以上に食品を購入しないなど、日常生活でできるものが、すぐにイメージできるかがポイントです。採用側が知りたいのは、「この受験者が公務員になったら、どのように対策を行ってくれるのか」という主体的な姿勢です。学生とは異なり、社会人・経験者としての実績を、公務員としてどう活かしてくれるのかを知りたいのです。

? ▶ こんな質問がきたら…

1 **「住民が積極的にSDGsに取り組むためには、何が必要だと思いますか」**
自治体そのものが積極的に取り組むことはもちろんのこと、住民などへの啓発・PRも重要です。また、SDGsに資する活動をしている団体に補助金を出すなどのインセンティブを与えることも考えられます。

2 **「自治体の活動とSDGsは、どのような関係にあると思いますか」**
そもそも自治体は持続可能なまちづくりを目指しており、SDGsの考え方そのものと言えます。このため、自治体のあらゆる活動がSDGsに関係していると言っても間違いではありません。

テーマ13
DX

テーマの概要

DXとは？
Digital Transformation デジタル・トランスフォーメーション
進化したIT技術を浸透させることで、人々の生活をよりよいものへと変革させること

自治体におけるDX推進の意義
1. 自らが担う行政サービスについて、デジタル技術やデータを活用して、住民の利便性を向上させる
2. デジタル技術やAI等の活用により業務効率化を図り、人的資源を行政サービスのさらなる向上に繋げていく

―「自治体デジタル・トランスフォーメーション（DX）推進計画【第2.0版】」より

自治体の対応

1. **住民サービスの向上**
   マイナンバー活用等による行政手続のオンライン化など

2. **効率的な行財政運営**
   AI・RPAの利用、テレワークの推進など
   ※AI・RPAについてはp.98〜99を参照

3. **職員の育成**
   情報セキュリティの徹底、外部人材の活用など

● テーマに対する「社会人ならでは!」の視点

① DX の現状等を理解しているか

　国は、官民の対象を問わず DX を推進しています。企業に対しては、企業の DX に関する自主的取組みを促すため、デジタル技術による社会変革を踏まえた経営ビジョンの策定・公表といった、経営者に求められる対応を「デジタルガバナンス・コード」として取りまとめました（現在では、「デジタルガバナンス・コード2.0」に改定）。また、自治体に対しては、左記のとおりです。

　社会人である受験者であれば、「DX とは何か」だけでなく、こうした官民の動向について認識しておく必要があるでしょう。また、現在では、どこの自治体でも「○○市 DX 推進計画」のようなものを策定して、取り組んでいます。このため、自治体は民間企業の動向にも注目していますので、勤務先等でどのような取組みをしているのかを把握しておくことは必要です。

　企業における DX の具体的な取組みとしては、①書類・決裁等のデジタル化、②業務プロセスの自動化、③ AI 活用等による効率化・高度化などがあります。これらを確認しておくとよいでしょう。

②行政における DX 推進の問題点を理解しているか

　一見万能に見える DX 推進ですが、行政の視点で考えると問題点もあります。それは、IT（情報技術）を利用できる層とできない層との間で生じる格差（情報格差・デジタルデバイド）の問題です。

　例えば、パソコンやスマホの活用が困難な高齢者や障害者にとっては、電子申請はかえって支障になってしまいます。このため、「手続きは、すべてオンラインで」というわけにはいかないのです。こうした社会的弱者等への配慮をしているのか、という視点も社会人受験者には求められる視点です。

❓ ▶ こんな質問がきたら…

1 「本市がDXを推進することによって、どのようなメリットがあると思いますか」

DX 推進の主なメリットは、住民サービスの向上と効率的な行財政運営の 2 点です。前者については、オンライン申請によりいつでもどこでも申請できることや、後者は RPA の活用による業務の効率化などがあります。

2 「本市がDXを推進するにあたっての課題は何だと思いますか」

DX 推進の課題は、①多額の予算が必要、②情報格差への対応、③住民への周知、④専門的知識を持つ職員の育成・採用、⑤情報セキュリティの対策や職員への徹底、などがあります。

テーマ14
リカレント教育

テーマの概要

リカレント教育とは？
リカレント教育（学び直し）とは、社会人になってからも、学校などの教育機関に戻り学習し、再び社会へ出ていくことを生涯にわたり続けることができる教育システムのこと。働くための学び。
〈参考〉
生涯学習………人々が生涯に行うあらゆる学習の場や機会において行う学習。趣味、生きがいが含まれる。
リスキリング…企業が、従業員に新たな仕事のスキルや知識を習得させるために実施するもの。

なぜリカレント教育が必要なのか？
1. 人生100年時代を迎え、学び続けることが重要
2. 急速なデジタル化の進行により、必要とされる職業・能力等が変化
3. ジョブ型雇用の定着など、働き方の変化

自治体の対応

1. **学習機会の提供の充実**
   自治体実施の講座の拡充、図書館の充実（電子図書、DVD、オーディオブックなど）、民間事業者との連携など
2. **情報提供の仕組みの充実**
   リカレント教育に関する情報の集約（まとめサイトの作成など）、SNSや広報誌を活用した周知の徹底など
3. **住民に対する意識啓発**
   市のホームページ、SNS、動画サイト、CATV、広報誌などを通じたリカレント教育の重要性の周知など

● テーマに対する「社会人ならでは!」の視点

①リスキリングとの違いをきちんと理解しているか

　リカレント教育の内容は左記のとおりですが、あくまで働くために学ぶことが目的です。このため、生きがいづくりや趣味などが含まれる生涯学習とは異なります。すでに定年延長は官民問わず導入され、また、生産年齢人口の減少等に伴い、長く働くことが求められています。さらに、それは高齢者の健康づくりにも資することになります。このため、リカレント教育は重要なのです。

　一方で、企業で盛んに叫ばれているのはリスキリングです。これは、企業が長期にわたって経営が存続できることなどを目的に、戦略的に従業員に学ぶ機会を与えることを指します。このため、デジタル関連のスキルの習得、新たな事業展のために必要な知識の学習などを行います。

　社会人受験者であれば、こうした違いを把握しているのはもちろんのこと、勤務先におけるリスキリングの実態等についても説明できるとよいでしょう。

②リカレント教育における行政の役割を認識しているか

　なお、自治体がどこまでのことを行うべきかの検討が必要です。いくらリカレント教育が必要であっても、自治体があらゆる授業や講師を準備するのは現実的ではありません。また、そのようなことをしてしまっては、通信教育や資格学校を運営している民間事業者の経営を圧迫してしまいます。

　では、どこまで行うべきなのでしょうか。これは、自治体によって異なります。例えば、市立大学を持つ自治体であれば、かなり主体的に実施することも可能です。しかし、そうでない自治体であれば、民間事業者と提携して、市民が安価で授業を受けられるように補助金を出すということも考えられます。そうした現実的な内容を提示できるかが、大事になってきます。

❓ ▶ こんな質問がきたら…

1　「企業がリスキリングをするのであれば、リカレント教育は不要ではありませんか」
自治体がリカレント教育を推進する意義は、誰もが長く働き続けられる環境をつくることにあります。このため、民間事業者の従業員のためのリスキリングではなく、すべての住民を対象としたリカレント教育が必要なのです。

2　「リカレント教育を推進することは、資格スクール等への民業圧迫ではありませんか」
民間企業等との役割分担が必要です。民間事業者では実施していない講座の開設、民間事業者への事業の委託など、官民が役割分担をしたうえで、協働してリカレント教育を推進していく必要があります。

229

COLUMN 5

筆記試験ができなくても面接で挽回することは可能でしょうか？

　もちろん可能です。というよりも、合否は面接で決まるといっても過言ではありません。

　択一式試験などの筆記試験がある場合、筆記は一次選考として用いられ、面接が二次選考であることが多いです。この場合、一次選考は面接試験対象者を決めるもので、一定の点数を取れない者を面接対象から外すのです（面接受験者の数が多いというのは、採用する側にとっても重労働なのです）。筆記試験では最低限の知識・学力の有無だけを検証し、合格者は面接で決定するのです。その理由は、やはり人物を重視して合格者を決めているからです。いわゆる「頭はよいが、頭でっかちでコミュニケーション能力がまったくない」者を採用しないという考えからきています。

　言い方を変えると、試験に合格するためには、筆記試験をパスするための最低限の知識・学力は必要ですが、最も大事な試験は面接であるともいえます。このため、面接には十分な対策を講じるようにしてください。

著者紹介
春日文生（かすがふみお・筆名）
某市役所職員。採用試験の問題作成、論文採点、面接官などを務めてきた。これまで年間100本以上の論文の採点、100人以上の面接をしてきている。

カバーデザイン	タイプフェイス
組版DTP	タイプフェイス
カバーイラスト＆マンガ	草田みかん

公務員試験

現職採点官が教える！
社会人・経験者の
合格論文＆面接術[2024年度版]

2023年3月25日　初版第1刷発行　　〈検印省略〉

著　者──春日文生
発行者──小山隆之

発行所──株式会社　実務教育出版
　　　　〒163-8671　東京都新宿区新宿1-1-12
　　　　☎（編集）03-3355-1812　（販売）03-3355-1951
　　　　（振替）00160-0-78270

印刷──精興社
製本──東京美術紙工

Ⓒ FUMIO KASUGA 2023
ISBN 978-4-7889-7780-8 C0030 Printed in Japan
著作権法上での例外を除き、本書の全部または一部を無断で
複写、複製、転載することを禁じます。
乱丁・落丁本は本社にておとりかえいたします。

公務員への転職をお考えの方へ
短期間で効率良く学べる通信講座

教養 + 論文 + 面接対策
経験者採用試験コース

論文 + 面接対策
経験者採用試験 [論文・面接試験対策] コース

- ●8回の添削指導システムで、合格論文に磨き上げる！
- ●面接は回答例・動画・面接カード添削で本番想定準備が可能！

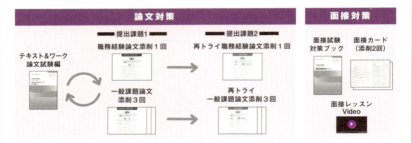

時間のない社会人でも効果的な学習を積み重ねれば、
キャリアを活かして公務員になれる！

通信講座案内と最新データブック無料進呈！下記宛ご請求ください。
本書に入っている『愛読者カード（はがき）』でも資料請求できます。

0120-226133 ※月〜金 9:00〜17:00

LINE公式アカウント 「実務教育出版・公務員」
公務員試験に関する情報を配信中！ お友だち追加をお願いします♪

公務員受験生を応援する実務教育出版webサイト
www.jitsumu.co.jp

公務員試験のブレーン 実務教育出版
〒163-8671 東京都新宿区新宿1-1-12

公務員合格講座　TEL：03-3355-1822
書籍（販売部）　TEL：03-3355-1951